Udo Renzenbrink

Ernährungskunde aus anthroposophischer Erkenntnis

Ernährungskunde
aus anthroposophischer Erkenntnis

Grundfragen – Auswirkungen – Anwendung

Eine Einführung

Udo Renzenbrink

Rudolf Geering Verlag
Dornach/Schweiz

Herausgegeben vom Arbeitskreis für Ernährungsforschung,
D-7263 Bad Liebenzell/Unterlengenhardt

3. Auflage 1988

Einbandentwurf Beppe Assenza
Zeichnungen Elsbeth Renzenbrink

Basler Druck- und Verlagsanstalt, CH-4410 Liestal

ISBN 3 7235 0214 8

Inhalt

Vorwort

Warum beschäftigen wir uns mit Ernährungsfragen? Die Antworten liegen auf der Hand: Zumeist fühlen wir uns gedrängt, die Nahrungswahl bewusster zu treffen, weil wir erleben, dass Gesundheit und Leistungsfähigkeit vielfach von unserer Ernährungsweise abhängen.

Aber das Bestreben, allein der Gesundheit zuliebe eine vollwertige Ernährung anzustreben, kann leicht eine egoistische Note bekommen. Denn wer gar zu sehr um seine Gesundheit oder die seiner Familie besorgt ist und sich allein aus diesem Grunde mit Nahrungsmitteln bester Qualität versorgt, gliedert sich leicht aus einem sozialen Zusammenhang aus.

Darum sei an den Anfang ein Motiv gestellt, das hilft, Ernährung in das rechte Licht zu rücken. Es ist der Grundidee der biologisch-dynamischen Landwirtschaft verwandt. Ihr geht es in erster Linie darum, die Erde lebendig zu erhalten. Wenn die Erde dieser Forderung entsprechend gepflegt wird und dadurch hochwertige Nahrungsmittel hervorbringt, so ist es gleichsam die Antwort auf alles Bemühen.

Wie hier der Landwirt seine Aufmerksamkeit in einer besonderen Weise der Erde zuwendet, so orientiert sich die Ernährungskunde am menschlichen Leib. Unser Leib gehört zur Erde; Adam heisst «der Erdgeborene». Dieser Leib ist heute wie die Erde selbst gefährdet. Er wird wesentlich erhalten durch die Produkte der Erde. Wir wählen die Nahrung sorgsam aus, weil wir mit der Sorge für den Leib einer höheren Ordnung gegenüber verantwortlich sind.

Hier ist über die körperliche Leistungsfähigkeit hinaus vor allem die geistig-seelische Schöpferkraft zu bedenken. Auf diesem Felde hat die Ernährungsweise eine grosse Aufgabe. Das wird uns klar, wenn wir den Leib als Instrument für Geist und Seele begreifen. Sehen wir dies ein, so haben wir eine Motivation für eine vollwertige Ernährung gewonnen, die über die rein gesundheitlichen Belange hinausführt.

Die Darstellungen gründen sich auf ein Studium der Anthroposophie Rudolf Steiners. Was ist Anthroposophie? Eine Antwort auf diese Frage ist nicht in wenigen Sätzen möglich, doch sei ein kurzer Hinweis mit Worten Rudolf Steiners gegeben, die dieser gewählt hat, um die anthroposophische Geisteswissenschaft zu charakterisieren: «Unter Anthroposophie verstehe ich eine wissenschaftliche Erforschung der geistigen Welt, welche die Einseitigkeiten einer blossen Naturerkenntnis ebenso wie diejenigen der gewöhnlichen Mystik durchschaut, und die, bevor sie den Versuch macht, in die übersinnliche Welt einzudringen, in der erkennenden Seele erst die im gewöhnlichen Bewusstsein und in der gewöhnlichen Wissenschaft noch nicht tätigen Kräfte entwickelt, welche ein solches Eindringen ermöglichen.» Ein derartiger Weg entspricht einer Zeitforderung, um auf zahlreichen Gebieten unseres Lebens die zunehmende Fülle der Probleme zu lösen. Die Einzelheiten des anthroposophischen Erkenntnisweges sind in den Werken Rudolf Steiners selbst aufzusuchen.

Ist zum Verständnis der Anthroposophie sonst eine besondere Voraussetzung notwendig? – Nur diese: ohne Vorurteil bereit zu sein, die Erscheinungen der Welt zu sich sprechen zu lassen. Erst dann wird aus der Fülle der Einzelheiten der geistige Zusammenhang erfahrbar. Um für die höheren Wirklichkeiten aufnahmebereit zu werden, ist zu der auf die Sinnes-Phänomene gerichteten Konzentration auch eine meditative Anstrengung erforderlich.

Diese Schrift ist entstanden aus Vorträgen, Seminaren, Kursen und Fortbildungslehrgängen, die vom Arbeitskreis für Ernährungsforschung Bad Liebenzell (Deutschland) veranstaltet wurden. Sie wendet sich an Menschen, die ein neues Bewusstsein für Ernährungsfragen anstreben und geistige Grundlage dafür suchen.

Unterlengenhardt, Johanni 1984 Udo Renzenbrink

I. Warum brauchen wir eine anthroposophische Ernährungskunde?

1. Die Grenzen der konventionellen Nahrungsmittelkunde

Die Ernährungswissenschaft unserer Zeit hat zu bedeutsamen Erkenntnissen geführt. Nach dem ersten, noch recht einseitigen Ansatz mit der Kalorienlehre entdeckte man die Bedeutung der Grundnährstoffe Eiweiss, Fett und Kohlehydrate für den menschlichen Stoffwechsel sowie die Wirkung der Mineralien, Spurenelemente, Vitamine, Enzyme und Katalysatoren. Pasteur brachte die Kleinlebewelt ins Blickfeld. Hierdurch wurden tiefgreifende hygienische Massnahmen möglich, und es verschwanden gefürchtete nahrungsbedingte Seuchen.

Aber die blendenden Erfolge der Naturwissenschaft hatten eine Kehrseite. Man vertiefte sich in die analytisch fassbaren Einzeldaten und nahm diese als alleinigen Massstab für die Beurteilung der Qualität. Dadurch verlor man die Anschauung für das Wesen der organischen Ganzheit oder genauer gesagt: die Bildekräfte des Lebendigen. Nun muss man erleben, dass ohne ein Begreifen dieser Welt die Ordnung der sinnlich wahrnehmbaren Erscheinung nicht zu verstehen ist. Das wirkt sich in Hilflosigkeit gegenüber praktischen Problemen wie dem des **Eiweissbedarfes** aus. In dieser lebensentscheidenden Frage steht die Wissenschaft auf sehr schwankendem Grund. So wurde lange Zeit ein Mindestbedarf von täglich 61 g angenommen, der später auf 38 g revidiert wurde. Man gab also eine erhebliche Fehlkalkulation zu. Wird es bei der jetzigen Schätzung bleiben?

Wie aber steht es mit dem Optimum? Kann man auch zuviel Eiweiss verzehren? Die massgeblichen Ernährungswissenschaftler schwiegen sich darüber aus, zumeist wurde eine gesundheitliche Schädigung durch Überernährung mit Eiweiss bestritten. Diese Auffassung geriet erst ins Wanken, als entdeckt wurde, dass sich bei zu reichlicher Fleischzufuhr in den Blutgefässen Verdichtungen des Gewebes durch Eiweissablagerung bilden können: eine Vorstufe der Arteriosklerose. Zieht man die nötigen Folgerungen aus dieser Tatsache?

2. Was die naturwissenschaftlich orientierte Menschenkunde nicht beachtet

Das naturwissenschaftliche Dogma «es gilt nur, was mit den Sinnen zu erfassen ist» wirkt sich besonders schwerwiegend auf dem Gebiet der Menschenkunde aus. Im Menschen wird die Substanzbildung nicht nur von der Kraft des Lebendigen bestimmt, denn hier greift Höheres in die Verwandlung der Stoffe und ihrer Bildung zu Organen ein. Wie könnte der Leib des Menschen sonst Wohnung für Seele und Geist sein? Eine Menschenkunde, die sich ihre Grenzen im Rahmen der naturwissenschaftlichen Methodik setzt und es ableht, übersinnliche Erkenntnisse mit heranzuziehen, muss sich im mühsamen Buchstabieren erschöpfen. Ebenso eine Psychologie, die es nicht wagt, das Geistig-Seelische in der stofflichen Erscheinung konkret zu begreifen. Eine anthroposophische Menschenkunde ist bestrebt, beide Fachgebiete über ihre Grenzen hinauszuführen und sie zu verbinden.

3. «Ich esse, was mir schmeckt»

Bei der Nahrungswahl ist die Lust am Essen und Trinken bestimmend. Wir schmecken ja keine Vitamine, Eiweisse, einzelne Aromastoffe usw., sondern lebendige, organische Ganzheiten. Uns nähren nicht einzelne isolierte Substanzen, sondern Getreide, Früchte, Salate, Öle, Gemüse oder Milchprodukte usw. Dabei ist entscheidend, ob die Speisen «munden».

Warum treten so viele ernährungsbedingte Krankheiten auf? Weil das Geschmacksvermögen der Menschen vergröbert, der Nahrungsinstinkt verloren gegangen und eine wirkliche Essenskultur im Schwinden begriffen ist. Das hat seine Ursachen wiederum darin, dass nur die wissenschaftliche Analyse, das wissenschaftliche Denken anerkannt wurde. Man vermag vieles intellektuell zu begreifen, kann es aber nicht auf die Lebensprozesse übertragen und verliert damit auch die Fähigkeit des natürlichen Erlebens. So ist man nicht imstande, die Nahrung zum Heile einer gesunden Entwicklung des menschlichen Organismus auszuwählen; vor allem wissen die wenigsten, wann sie mit Essen und Trinken aufhören sollen.

4. **Die Kehrseite der Hygiene**

Auch der Fortschritt auf dem Gebiet der Hygiene hat eine ganze Reihe negativer Aspekte. Die in ihrem Ansatz so nützlichen Massnahmen bringen Gefahren für die menschliche Gesundheit mit sich. Die Kleinlebewelt besteht ja nicht nur aus «Schädlingen». Die Mehrzahl der Mikroben sind für uns «Nützlinge», die im Haushalt der Natur und in der Umwelt des Menschen eine lebensnotwendige Rolle spielen. Durch den ständigen Einsatz chemischer Mittel wird die Harmonie der Mikrobenwelt empfindlich gestört, und es sind bereits erhebliche Verschiebungen des ökologischen Gleichgewichts eingetreten, deren man nicht Herr wird. Zudem nimmt man ständig Reste von chemischen Reinigungs- und Schädlingsbekämpfungsmitteln zu sich. Wenn das auch nur in kleinsten Dosen geschieht: wer kann behaupten, dass die vielfältige Aufnahme von Giften für die Menschen harmlos ist? Es fehlen Grundlagenforschungen zum Beispiel über die toxische Wirkung der Insektizide, mit denen das Getreide bei der Lagerung gegen Schädlingsbefall begast wird. Auch lassen sich in solchen Fällen nur Tierversuche durchführen. Darf man deren Ergebnisse ohne weiteres auf den Menschen übertragen?

5. **Mangel- und Fehlernährung**

Ähnlich steht es mit der Fehlernährung. Es lässt sich mit den modernen naturwissenschaftlichen Methoden und Statistiken nicht nachweisen, dass zum Beispiel die instinktlose Ernährung der Säuglinge und Kleinkinder Ursache für das Schulversagen oder gar für Haltungsschwäche oder Mangel an Durchhaltekraft in der Pubertät sind. Besteht deshalb kein ursächlicher Zusammenhang? Vieles kommt hier in Betracht: das häusliche Milieu, die einseitige intellektuelle Beanspruchung in der Schule mit dem Leistungsdruck, die lärmerfüllte Umwelt, mangelnde Bewegung, stundenlanges Fernsehen usw. Falsche Ernährung spielt immer entscheidend mit als Ursache für eine gestörte Entwicklung.

Trotz des Nahrungsüberflusses in den zivilisierten Ländern ist gerade dort die tägliche Kost mangelhaft. Hierzu ein Beispiel: Es wurde vor einiger Zeit vom Gesundheitsministerium in der Bundesrepublik

Deutschland eine Zahl veröffentlicht[1], die für unsere heutige Ernährungssituation bezeichnend ist: 70% aller Schulkinder haben zu wenig Vitamin B_1 in der Nahrung. Dieses Vitamin, auch Aneurin genannt, ist notwendig für den Zuckerstoffwechsel im Nervensystem. Man nimmt an, dass schlechte Konzentrationsfähigkeit, Unruhe oder Antriebslosigkeit auf einen derartigen Mangel zurückzuführen sind. Dem könnte leicht durch Vollkornverzehr abgeholfen werden. Leider zeigte sich das zuständige Ministerium wenig beunruhigt. Es wurde weder Alarm geschlagen noch etwa eine grossangelegte Aufklärung in die Wege geleitet.

Wie genau nimmt man dagegen die Impfaktionen; wie geradezu hysterisch reagiert man, wenn irgendwo ein Pockenkranker auftaucht! Mangel- und Fehlernährung wirken schleichend, treten erst nach Jahren in Erscheinung und sind daher weniger interessant. Doch sie wirken als Schrittmacher für unsere Zivilisationskrankheiten. Darum sollten sie jeden beunruhigen, dem die Gesundheit der Bevölkerung am Herzen liegt.

Ist hier nicht bei gutem Willen Abhilfe zu schaffen? Ist nicht eine Verbesserung der Essgewohnheiten möglich? Dazu gehört mehr als eine intellektuell gefasste Einsicht. Es ist vielmehr ein neues Verhältnis zur Speise nötig, eine neue Erlebnisfähigkeit beim Schmecken natürlicher Nahrungsmittel und ein Begreifen des Menschen in seinem Zusammenhang von Leib, Seele und Geist. Dazu will eine anthroposophisch erweiterte Ernährungskunde den Menschen wieder verhelfen.

II. Die Wissenschaft von den Bildekräften des Lebendigen

1. Goethes Metamorphosenlehre

Rudolf Steiner, der Begründer einer neuzeitlichen Wissenschaft von den Bildekräften des Lebendigen, knüpfte mit seinen Darstellungen an Goethe an. Dieser war von Grund auf Platoniker; er begriff die Welt im Sinne des alten griechischen Philosophen Platon als Erscheinung schaffender göttlicher Gedankenkräfte. Seine Urpflanze war eine platonische Idee. Aber Goethe suchte auch in der Nachfolge von Aristoteles, dem grossen Schüler Platons, den Geist im Sinnlich-Sichtbaren, in den Phänomenen. Hinter der Verwandlung der Pflanzenform mit dem Zusammenziehen im Stengel, dem Ausbreiten im Blatt, dem neuen Ansatz in der Blütenbildung und den Früchten wirkte für ihn ein bildsames Prinzip, das er als Idee begriff.

2. Die ätherischen Bildekräfte – die vier Ätherarten

Rudolf Steiner stellte die Metamorphosenlehre Goethes auf neue Grundlagen. Er vermochte durch die Fähigkeit des übersinnlichen Schauens die Bildekräfte des Lebendigen mit der gleichen Objektivität und Genauigkeit zu begreifen und zu schildern wie der Naturwissenschaftler die Gegenstände der sinnlich fassbaren Welt.

Die Naturwissenschaft hat Grosses auf ihrem Felde der sinnlichen Erfahrung geleistet, aber sie hat keine Möglichkeit, einzudringen in das geistige Gebiet. In der menschlichen Seele schlummern indessen Fähigkeiten der Erkenntnis, die geweckt werden können und den Menschen in die Lage versetzen, den Fähigkeiten Rudolf Steiners wenigstens im ersten Ansatz nahezukommen. Hierzu hat Rudolf Steiner verschiedene meditative Übungen angegeben. Es gilt, die Mauern, die uns durch die gegenständliche Welt vom Wesen der Dinge trennen, zu übersteigen und bis an jene Grenze zu gelangen, an der sich die Sphären öffnen. Die

Bildekräfte kommen aus der Welt ewiger Schöpfermächte ins Irdische herein. Damit nun Sinnesorgane erwachsen, welche diese Kräfte anschaubar machen, muss die Seele sich in meditativer Arbeit immer wieder mit dieser Welt verbinden und in sie eintauchen mit ihren Denkbewegungen, ihrem Fühlen und Wollen. Der Mensch kann so beim Betrachten der Pflanze den Übergang von Blatt zu Blatt innerlich mitplastizieren und sich in das Werden der Formen hineinleben. In den Rhythmen von Ausdehnung und Zusammenziehung verfolgt er das Ergreifen und Wiederloslassen der Stofflichkeit durch die Bildekräfte, das «Atmen» des Geistes in der Stoffeswelt.

Als erstes aber ist nötig, was schon Albert Schweitzer ausgesprochen hat: die Ehrfurcht vor dem Lebendigen.

Das Leben ist lichthafter Art. Also auch hier wieder die Verwandtschaft zu Goethe, der im Lichte ein Urphänomen erkannte, zum Urgrund des Seins gehörig, niemals zu begreifen als korpuskuläre Bewegung oder Wellenlinie. Das alles ist Kleid, Ausdruck, aber nicht Wesen. Das geistig lebendige Licht geht in die Stoffeswelt ein und gibt seine lebendige Geistigkeit an sie weiter. Das Licht strömt uns von der Sonne zu, aber auch von den Sternen, tausendfältig differenziert und gegliedert, und die Erde antwortet mit Tausenden von pflanzlichen Formen, Blüten und Fruchtbildungen.

Was aus dem Kosmos hereinströmt, verbindet sich mit den irdischen Elementen: dem Mineralischen, Wässrigen, Luft- und Wärmehaften. Demnach sind vier hauptsächliche Gruppierungen zu unterscheiden, die vorherrschend in den einzelnen Teilen der Pflanzen wirken: das Erdelement in der Wurzel, der Säftestrom im Blatt, Licht und Luft in der Blüte und die Wärme in Früchten und Samen.

Rudolf Steiner sprach in diesem Zusammenhang auch von vier Ätherarten, für die er folgende Bezeichnungen wählte:

1. **Lebensäther** – die umfassendste Bildekraft, die vorwiegend im Wurzelbereich das Mineralische mit ergreift und das Leben besonders konzentriert. Der Lebensäther hat eine gestaltbildende Tendenz.

2. **Chemischer Äther** – im wässrigen Bereich von Blatt und Stengel vollziehen sich die Stoffumwandlungen, die

nach chemischen Ordnungen verlaufen. Der chemische Äther ist quellender Natur.

3. **Lichtäther** – das Farbenspiel der Blüten deutet auf die Lichtbeziehung. Aber auch im Chlorophyll der Blätter wirken bei der Assimilation des Kohlenstoffes Lichtkräfte. Das Licht gehört zum Element der Luft, es greift in den stofflichen Bereich ein an der Grenze, wo sich die Luft mit dem Wasserelement berührt. Es gliedert das durch den chemischen Äther quellende Element.

4. **Wärmeäther** – Früchte und Samen reifen in der Wärme. Diese durchdringt die Substanzwelt, ohne sie wäre kein Leben, keine Bewegung, sondern nur Starre des Todes. Der Wärmeäther rundet die Frucht, er führt in der Samenbildung zur Vervielfältigung.

Grundgesten der vier Ätherarten

Lebensäther
mineralisierend,
gestaltbildend

Chemischer Äther
quellend, spreizend
Blattbildung

Lichtäther
strahlend, gliedernd
Blütenbildung

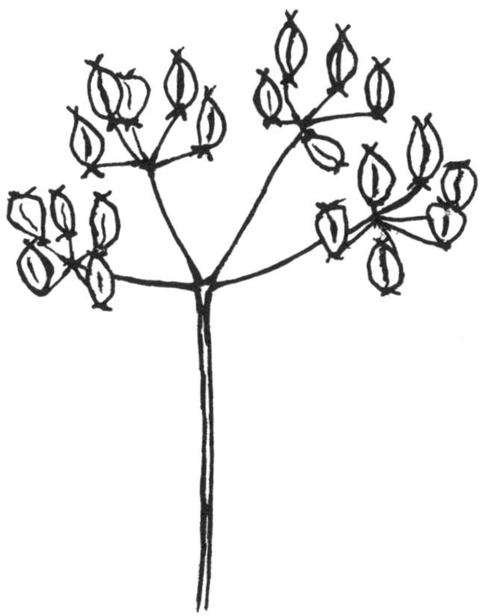

Wärmeäther
Vervielfältigung,
Samenbildung

Fruchtbildung

Die Ätherarten sind nicht nur auf einen Teil der Pflanze beschränkt, sie wirken miteinander, wobei jeweils eine oder zwei den Ton angeben.

Wir sagten: die Bildekräfte strömen aus dem kosmischen Umkreis in die Stoffeswelt herein, diese mit Leben begabend. Bei allen lebendigen Bildungen treffen sich also zwei Kräfteströme. Der eine setzt an der Peripherie an mit zentripetaler Tendenz, der andere ist der Schwere unterworfen und geht von einem Mittelpunkt aus. Beide bewirken zusammen die an die Erdenwelt gebundene Gestalt. Alle Funktionskreise sind aus ihrem polaren Wechselwirken zu verstehen. Substanzen werden ins Leben gehoben und fallen nach einiger Zeit ins Leblose zurück. Bestimmte Stoffe folgen einer in den Umkreis sich verströmenden Tendenz wie die ätherischen Öle, andere verfestigen sich als Zellulose. Die biochemischen Prozesse lassen sich alle auf das differenzierte Eingreifen der ätherischen Bildekräfte zurückführen.

Nahrungspflanzen entstehen dadurch, dass bestimmte Bildekräfte dominieren. Hierfür zwei Beispiele: Beim Kohl staut sich im Blattbereich eine Dynamik des chemischen Äthers und lässt Blätter, Stengel oder Blattknospen anschwellen. Auch ein Schwefelprozess, der seinem Wesen nach in die Licht- und Wärmeregion gehört, greift ein und führt zu einer nährenden Substanzbildung.

Die Möhre sammelt ihre ganze Intensität in der Wurzel, dem Bereich des Lebensäthers, aber sie verharrt dort nicht im Salzhaften, Mineralischen. Mit Hilfe des chemischen Äthers wird die Wurzel saftig und reichert Zucker an, erfüllt sich mit Kräften des Licht- und Wärmeäthers. Sie blüht gleichsam und erreicht eine Art Fruchtcharakter. Ätherische Öle werden gebildet, sie wird von aromatischen Kräften durchdrungen. Auch bringt sie ihre Licht-Verwandtschaft durch eine leuchtend gelbrote Farbe zum Ausdruck. Diese Farbtönung wird durch das Carotin vermittelt, das in der menschlichen Leber zum Vitamin A umgewandelt wird und als solches beteiligt ist bei der Bildung des Sehpurpurs und der Hornhaut im Auge. Mangel an Vitamin A führt zur Nachtblindheit. Also auch hier die Beziehung zum Licht.

3. **Vom Wesen des Getreides**

An einem dritten Beispiel soll versucht werden, die bisherigen Betrachtungen weiterzuführen.

Das Getreide gehört zur Familie der Gräser. In den Wildgräsern wurde durch Züchtung die Richtung von unten nach oben, von der Erde zur Sonne, immer stärker ausgeprägt und die Samen durch Ausbildung der Ähren mit den Grannen zu einem immer festeren Anschliessen an den Stengel gebracht. Nun zerstreute die Pflanze den Samen nicht mehr in alle Winde; sie wurde das Tragende, das Getreide. Dieses Wort kommt aus dem mittelhochdeutschen Stamm «getregeda», das heisst das Getragene oder Tragende.

Das Getreidekorn enthält grosse Geheimnisse. Wenn wir das kleine unscheinbare Gebilde betrachten, ahnen wir kaum, welche Kräfte in ihm schlummern. Im Erdreich oder mit Wasser benetzt, beginnt es zu keimen. Während der ersten Phase entwickelt es eine mächtige Intensität im Wurzelbereich. Das gilt besonders für das Wintergetreide. Solange der Spross unter der Schneedecke ruht, dringt die Wurzel in tiefe Erdschichten vor. Sie gliedert sich dabei in eine vertikale Wachstumsachse ein, vermeidet horizontale Seitenzweige und erreicht Gebiete, wo es verhältnismässig warm ist und das Bodenleben sehr regsam ist. Wie stark sich die Pflanze mit diesem Leben verbindet, zeigt die grosse Zahl von Wurzelhaaren. Ihre Gesamtlänge erreicht das stattliche Mass von 2 Kilometern.

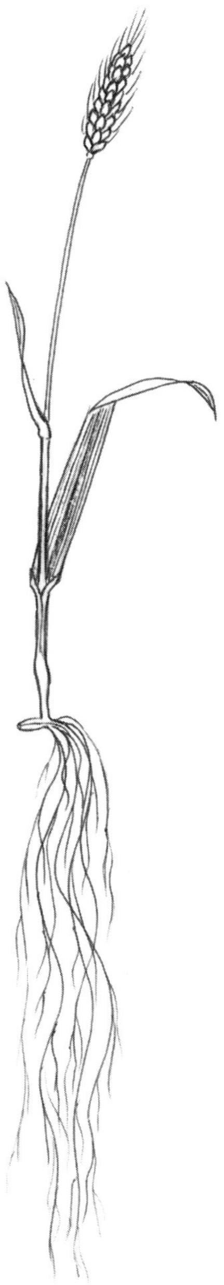

Getreidepflanze

Die Ähre ist zu diesem Zeitpunkt schon veranlagt, als kleine Spirale von den Blattanlagen umhüllt, noch in die Sphäre des Wurzellebens eingebettet, als sollte sie von der Dynamik dieses Bereichs berührt werden.

Nach einer solchen ersten Periode des Sich-Verwurzelns in der Erde folgt im Frühjahr das Streben des Halmes nach oben. Auch bei dieser starken Vertikaltendenz drückt sich etwas vom Wesen des Getreides aus, nämlich in den bemerkenswerten statischen Kräften: der Halm hat einen Durchmesser von etwa 4 mm. Nehmen wir eine Höhe an von 1,20 m, so ergibt sich das Verhältnis 1:300. Auf einen Bau übertragen, müssten wir uns einen Turm von 1 m Durchmesser und 300 m Höhe vorstellen! Welcher Architekt könnte ein solches Bauwerk errichten? Und weiteres noch: Der Halm trägt mit der Ähre ein Mehrfaches seines Gewichtes und wiegt sich mit seiner Last im Winde. Die Blätter streben nicht in die Horizontale; sie sind schmal in der Form, doch intensiv in grüner Färbung und leisten eine kräftige Assimilation des Kohlehydrats.

Auch im Blühen zeigt sich ein Besonderes: Alle Ähren eines Roggenfeldes heben zu gleicher Zeit zu blühen an. In wenigen Stunden ist das Geschehen vorüber. Es muss nur ein lichter, nicht zu kühler Tag sein und die Luft bewegt; denn die Gräser sind Windbestäuber.

Nach der Bestäubung beginnt die hohe Zeit der Reife des Korns in Sonnenlicht und Sonnenwärme. Ein zarter Goldton schimmert über dem Feld. Aber diese Tönung kündet von einem Absterbeprozess. Die Pflanze verliert ihr saftiges Grün, die Blätter und der Halm welken, und auch die Wurzel bildet sich zurück. Während sie im Winter fest mit der Erde verbunden war und es nicht gelang, sie herauszuziehen, lässt sie sich jetzt leicht aus dem Boden zupfen.

Doch in dieser Sphäre des Mineralischen entwickelt sich das Korn als lebendiger Keim. Es trägt die Fülle des Lebens in sich. Wurzel und Blatt haben das Ergebnis der Phase ihrer intensiven Wirksamkeit in das Korn übergeleitet.

Im Getreidekorn sind drei Teile zu unterscheiden: der Mehlkörper, die Randschichten und der Keimling. Alle drei Komponenten gehören zusammen; lösen wir eine heraus, wird die organische Ganzheit gestört. Das reine Weissmehl hat nur geringen Nährwert.

Die Randschichten sind von Mineralien durchwirkt, auch von Edelmetallen in Spuren. Eiweisse, Vitamine, sogenannte Biokatalysatoren

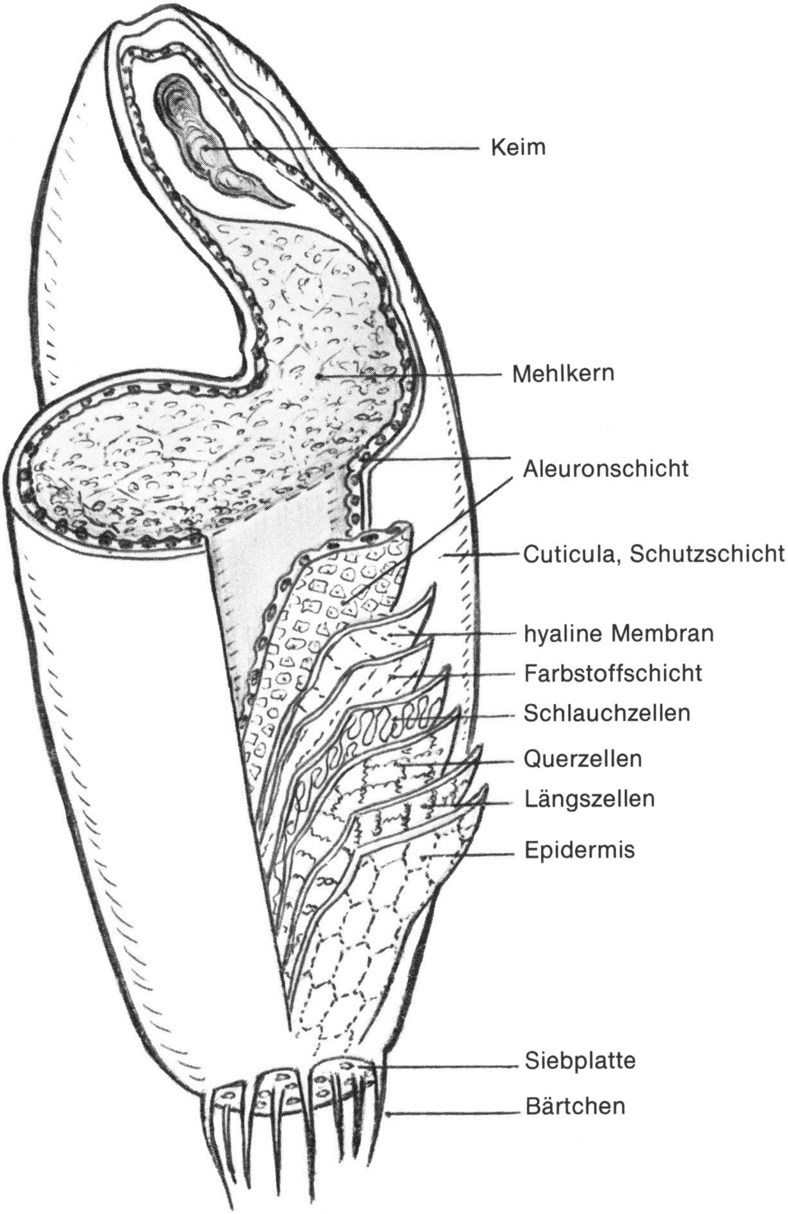

Schematischer Bau des Weizenkorns (nach W. Kollath, Getreide und Mensch, eine Lebensgemeinschaft)

bilden mit dem Mineralspektrum eine lebendige Ganzheit, deren Teile in einmaliger Weise aufeinander gestimmt sind: hier wirkt die Bildekraft des Lebensäthers.

In der Stärke des Mehlkörpers haben wir vorwiegend das Ergebnis der Wirksamkeit von chemischem Äther und Lichtäther zu sehen.

Im Keimling ist der Wärmeäther konzentriert mit der Bildung von hochwertigen Ölen und Eiweissverbindungen. Das ganze Getreidekorn wird von Kieselprozessen durchzogen. Das drückt sich auch in der Substanzbildung aus; die Asche enthält 67% Kiesel. Durch ihn wird das Getreide für Licht und Wärme aufgeschlossen.

III. Der biologisch-dynamische Landbau

1. Warum neue Alternativen der Bodenbearbeitung?

Die Qualität einer Nahrungspflanze hängt weitgehend von ihrem Anbau ab. Darum soll der Frage der Bodenbearbeitung[2] ein besonderes Kapitel gewidmet werden. Wie auf vielen Lebensgebieten hat Rudolf Steiner auch für den Land- und Gartenbau durch seine geistigen Einsichten wesentliche Anregungen vermittelt. Er hielt zu Pfingsten 1924 in Koberwitz bei Breslau einen Kurs für Landwirte[3], von dem die biologisch-dynamische Bewegung ausging. Heute hat sich diese zeitgemässe Form des Landbaus in vielen Gegenden der Erde praktisch bewährt und wird auch von Vertretern der konventionellen Wissenschaft zunehmend beachtet. Denn man sieht sich gezwungen, nach neuen Alternativen gegenüber der üblichen Wirtschaftsweise zu suchen. Um hohe Erträge zu erzielen, glaubte man bisher, immer grössere Mengen von chemischem Dünger und Schädlingsbekämpfungsmitteln in Monokulturen einsetzen zu müssen. Dabei übersah man die Bedeutung eines stabilen natürlichen Ökosystems mit vielseitigen Lebensgemeinschaften und einer lebendigen Humusschicht und muss nun erkennen, dass der Natur-Haushalt immer mehr aus dem Gleichgewicht gerät. Oftmals hört man den Einwand, ohne intensive Kunstdüngergaben sei im Hinblick auf die Welternährungslage nicht auszukommen. Das stimmt nicht; denn auch mit biologischen Mitteln können hohe Erträge erzeugt werden. Vor allem aber: die Produkte sind von erheblich besserem Geschmack und besserer Qualität und praktisch frei von bedenklichen Chemikalien. Das veranlasst immer mehr junge Menschen, aus den Städten auf solche Höfe zu strömen, auf denen die Arbeit nicht nur wirtschaftliche Antriebe kennt, sondern wo ideelle Ziele angestrebt werden, wie die Erhaltung natürlicher Tier- und Pflanzen-Gemeinschaften, Einsparung von Rohstoff- und Energievorräten und die Produktion von vollwertigen Nahrungsmitteln für die gesundheitlich immer mehr gefährdeten Menschen.

2. Zwei Kräfteströme

Das Pflanzenwachstum entfaltet sich unter zwei entgegengesetzten Einflüssen: dem irdischen – terrestrischen – und dem kosmischen Kräftestrom. Zum irdischen Bereich gehören das Bodenleben, der Nährstoffgehalt des Bodens, das Wasser, der Kalk und verwandte Substanzen, der Humusgehalt, die Luftfeuchtigkeit usw. Kosmisches wirkt durch Licht und Wärme der Sonne, durch die Rhythmen der Sterne, des Mondes und der Jahres- und Tageszeit. Im Boden werden die kosmischen Kräfte durch den Kiesel vermittelt und modifiziert durch die Witterung.

Es ist eine Aufgabe der Landwirtschaft, die Harmonie der beiden Pole zu fördern. Überwiegt der terrestrische Einfluss, werden die Erzeugnisse zu massig in der Substanz und reifen zu wenig aus. Die aufgenommenen Stoffe wie etwa Stickstoff sind nur unvollständig verarbeitet, der Anteil an Reineiweiss bleibt relativ gering. Auch ist der Gehalt an Aminosäuren und Nitraten zu hoch, und es fehlt am Gesamtzucker. Der Geschmack ist fade. Entwickelt sich der terrestrische Pol zu schwach, gibt es niedrige Erträge und fasriges Gewebe mit ausgeprägtem, oft bitterem Geschmack.

In der biologisch-dynamischen Landwirtschaft ist man bemüht, den terrestrischen Pol durch Düngung mit präpariertem Mist und Kompost und Leguminosenanbau zu stärken und zu aktivieren, ohne dass die kosmischen Einwirkungen zurückgedrängt werden. Man legt deshalb Wert auf ausgereiften Dünger und vermeidet Überdüngung. Um die Pflanzen für den kosmischen Pol, insbesondere für das Licht aufzuschliessen und zu sensibilisieren, wird auf die grünen Blätter ein Kieselpräparat gespritzt.

Ferner sind von Rudolf Steiner Präparate entwickelt worden, die gleichsam als Heilmittel auf den Boden und die Pflanzen einwirken. Sie werden nach speziellen Verfahren hergestellt und dem Kompost zugesetzt oder auf die Pflanzen gespritzt. Auf derartig gepflegten Böden wachsen weniger Unkräuter, auch werden die Pflanzen weniger von Schädlingen befallen. Darüber hinaus haben sich eingreifende biologische Verfahren bewährt, so dass auf die chemischen Mittel, die den Naturhaushalt bedenklich verändern, verzichtet werden kann. Vor allem aber nutzt man die kosmischen Rhythmen. Wie Maria Thun und Ulf Abele[4] in zahlreichen Anbauversuchen nachgewiesen haben, kann der Landwirt oder Gärtner die Erträge bedeutend steigern und hohe Qualitäten erzielen, wenn er sich bei Aussaat oder Pflanzung und bei Anwendung der Präparate sowie bei der Erntezeit nach dem Stand des Mondes bei seinem vierwöchigen Gang durch den Tierkreis richtet[4]. Diese rhythmischen Ordnungen wirken aber nur, wenn der Boden vorher durch biologisch-dynamische Bearbeitung verlebendigt wurde.

3. **Was ist Demeter-Qualität?**

Die heutige analytische Denkweise neigt dazu, als Massstab für Qualität den Gehalt an bestimmten Substanzen zu werten. Man betont zum Beispiel den Carotingehalt der Möhren, den Vitamingehalt der Tomate, den Mineralstoffreichtum der Kartoffel. Freilich gewinnen wir dadurch gewisse Kriterien für Qualität, aber das Ganze ist mehr als die Summe der Teile. Der Nährwert für den Menschen liegt darum in der lebendigen organischen Ganzheit; mit ihr setzt sich der menschliche Organismus bei der Verdauung auseinander, und sie entscheidet über die Bekömmlichkeit. Schon in Geruch, Geschmack, Farbe und Konsistenz drückt sich lebendig Wesenhaftes aus. Darum brauchen wir einen Qualitätsbegriff, der an der Ganzheit gewonnen ist.

Aus einer Denkweise, die sich entsprechend orientiert, sind Methoden entwickelt worden, welche sensibel auf die Kräfte des Lebendigen reagieren und diese gewissermassen in ein Bild umsetzen. Man nennt sie deshalb auch die bildschaffenden Methoden.

Es sind dies: die Kupferchlorid-Kristallisation[5], das Steigbild[6] (Kapillar-Dynamolyse), die Tropfbildmethode[7].

Diese auf das Lebendige gerichtete Qualitätsforschung wird in verschiedenen Instituten durchgeführt. Mit Hilfe von Anbauversuchen werden biologisch-dynamische Massnahmen und ihre Wirkung auf die Qualität der Produkte wissenschaftlich geprüft. Im «Forschungsring für biologisch-dynamische Wirtschaftsweise» arbeiten Landwirte und Wissenschaftler an der Weiterentwicklung der Landbaumethode. Ihm ist eine Gütestelle angeschlossen, in der Ernteprodukte der Höfe untersucht werden, nicht nur zur Kontrolle, sondern auch zur Wahl geeigneter Sorten, Bestimmungen zur Düngung, Bodenbearbeitung usw. Ebenso werden in Zusammenarbeit mit der landwirtschaftlichen Fachberatung Stichproben auf Rückstände durchgeführt.

Die biologisch-dynamisch erzeugten Produkte sind unter dem eingetragenen Warenzeichen «Demeter» im Handel; für die ersten beiden Jahre der Umstellung gilt die Bezeichnung «biodyn». In der Schweiz liegt der gesetzliche Schutz in den Händen des Produzenten-Vereins. In der Bundesrepublik Deutschland hat der «Forschungsring für biologisch-dynamische Wirtschaftsweise» den Demeterbund mit der Wahrung der Rechte für das eingetragene Warenzeichen beauftragt. In ihm sind Erzeuger, Verarbeiter, Verbraucher und Händler vertreten. Er schliesst mit den Höfen die Schutzverträge ab. Im Rahmen der biologisch-dynamischen Wirtschaftsweise bestehen ferner Arbeitsgemeinschaften der Bauern, Gärtner und Kleingärtner, ein Zusammenschluss von Verarbeitern und Händlern sowie eine Vereinigung der Verbraucherverbände.

Der Demeterbund schliesst mit den Produzenten Verträge ab. Voraussetzung für die Anerkennung von Demeter-Qualität ist, dass in der Regel die biologisch-dynamische Wirtschaftsweise zwei Jahre lang durchgeführt wurde. Als Übergangslösung wird auch der Titel «biodyn» in der Umstellung vergeben. Organische Handelsdünger sollen möglichst über Kompost angewendet werden. Mineralische Stickstoffdünger, leichtlösliche Phosphate und chlorhaltige Kalisalze sind streng ausgeschlossen. Ebenso werden nicht verwendet: Fäkalien, Klärschlamm, Beiz- und andere Pflanzenschutz- sowie Unkrautbekämpfungsmittel.

Der Begriff biologisch-dynamisch ist somit eindeutig zu charakterisieren. Im Gegensatz dazu ist die Bezeichnung «biologisch» oft nicht klar definiert. Es gibt zwar Richtungen der biologischen Anbauweise, die qualitativ gute Produkte erzeugen, vielfach werden aber in zu hohem Masse organische Abfälle verwendet sowie nicht genügend ausgereifter Kompost; üblicherweise wird sogar Stalldung frisch, ohne Kompostierung gegeben. Dadurch kommt es zu Verschiebungen im natürlichen Gleichgewicht.

Zur Einarbeitung in die biologisch-dynamische Wirtschaftsweise stehen in Deutschland interessierten Landwirten «Berater», meist Diplomlandwirte und Agraringenieure zur Verfügung. Diese wirken auch als Vertrauenspersonen mit bei der Anerkennung als «Demeter-Betrieb». Die Urkunde zur Anerkennung muss ausserdem von zwei Nachbarbauern unterschrieben werden.

Zusammenfassend lässt sich auf die Frage «was ist Demeterqualität?» folgende Antwort finden: Qualität wird bestimmt durch das Zusammenwirken von irdischen Substanzprozessen und ätherischen Bildekräften aus dem Kosmos. Die heutige Agrarwissenschaft berücksichtigt nur den ersten Faktor, da sich das Lebendige als übersinnlicher Kräftestrom ihrer Anschauung entzieht. Durch die Anthroposophie Rudolf Steiners wurde es möglich, eine «Wissenschaft vom Leben» zu entwickeln. Ihre Ordnungsprinzipien werden im Verein mit den irdischen Kräften von der biologisch-dynamischen Landwirtschaft voll berücksichtigt. Die von ihr erzeugten Produkte sind daher reich an wertgebenden Substanzen, die von den Bildekräften in die Struktur der organischen Ganzheit eingefügt werden. Sie sind aber vor allem wertvoll durch den Gehalt an Bildekräften selbst. Diese haben sich als Entitäten des Kosmos, als Licht und Wärme mit der Pflanze verbunden. Sie bestimmen Geschmack, Bekömmlichkeit und Nährwert der Lebensmittel.

IV. Menschenkundliche Einführung

Die vier Wesensglieder des Menschen

Die Pflanzengestalt ist ein Ergebnis der aus dem kosmischen Umkreis einstrahlenden und von der Erde ausstrahlenden Kräfte[8]. Dabei entstehen organische Formen und Funktionsordnungen, die dem Leben dienen. Die Kraftsysteme bilden eine Einheit, die Rudolf Steiner als den Ätherleib der Pflanze bezeichnet. Durch ihn wird Wachstum, Blühen und Fruchten in der Pflanze impulsiert; verschiedene Substanzen werden auf die Stufe des Lebendigen gehoben und in den Bauplan des Pflanzenwesens eingefügt.

Der tierische Organismus ist nicht allein aus den Bildekräften des Lebendigen zu begreifen. In ihm ist ein Prinzip wirksam, das die Entfaltung seelischer Äusserungen möglich macht. Es ist der Astralleib. Durch ihn werden die Organbildungen und Funktionsordnungen des tierischen Leibes geprägt.

Im Menschen verwirklicht sich darüber hinaus eine individuelle Geistseele. Er erlebt sich als ein Ich-Wesen, er entwickelt Selbstbewusstsein und Selbstverantwortung. Sein Organismus wird vom Ich bestimmt. Seine Gestalt mit der aufrechten Haltung, der Gang, die Bewegungen, Sprache, Denkungsart, das Antlitz, der Blick der Augen, alles dieses ist Ausdruck der menschlichen Persönlichkeit. Rudolf Steiner spricht von einer Ich-Organisation, welche die organischen Strukturen und alle Funktionsabläufe zum Menschlichen hin orientiert.

Da im Menschen alle Naturreiche vertreten sind, können wir in ihm vier Wesensglieder unterscheiden:

Physischer Leib,
Ätherleib,
Astralleib,
Ich.

Wie sind diese zusammengefügt? Wie ist das Miteinander von Stoff und Geist im Menschen zu verstehen? Versuchen wir einen Zugang zur

Lösung dieser Fragen zu gewinnen mit Hilfe des Begriffs der vier Elemente, wie er uns schon bei der Betrachtung der vier Ätherarten geleitet hat.

Die Wärme durchdringt den menschlichen Leib. Sie hat die Eigenschaft, sich mit der Organwelt in einem besonderen «Wärme-Organismus» zu verbinden und dabei spezielle Wärmetönungen aufrecht zu erhalten und zu differenzieren. Träger der Wärme ist das rote Blut.

Zum anderen erscheint uns die Wärme als eine geistig-seelische Qualität. Im Blut oder Stoffwechsel können wir die Wärme noch messen, im geistig-seelischen Bereich entzieht sie sich jeglichem physikalischen Zugriff. Dort erleben wir sie als «Herzenswärme» oder «geistiges Feuer».

Sind diese Bereiche der Wärmequalität voneinander geschieden? Nein, es gibt keine Grenze, sondern nur fliessende Übergänge. Das ist ständig zu erleben. Wie erwärmt es uns, wenn Menschen liebevoll miteinander umgehen, wie kalt und erstarrt fühlen wir uns in Furcht und Schrecken.

In diesem Sinne verstehen wir es, wenn Rudolf Steiner aus seiner geisteswissenschaftlichen Schau mitteilt, dass sich das menschliche Ich im Blut durch das Element der Wärme mit dem Leibesorganismus verbindet. Und es wird daraus zum Beispiel verständlich, dass Faust seinen Pakt zum Zeichen der Verpflichtung des Ich mit Blut unterschreibt.

Das Element der Luft und des Lichtes schafft die Beziehung zwischen Seele und Leib. Nach alter griechischer Weisheitslehre atmete der Mensch mit der Luft etwas von der Weltenseele, dem Pneuma ein. Diese war ihrer Natur nach lichthaft.

Und wie der menschliche Organismus durchwärmt ist, so ist er auch von Luft und Licht durchströmt. Jede einzelne Zelle atmet, ist lichthafter Natur. Dadurch ist sie eingeschlossen in jenes übergeordnete Prinzip, das den physischen Leib seelengemäss gestaltet.

Gleich der Wärme äussert sich das Licht nicht nur im organischen Bereich. Wir erleben, wie es hell oder finster in unserer Seele wird oder wie uns in Gedankenklarheit «ein Licht aufgeht».

Organische Grundlage des menschlichen Lebens- oder Ätherleibes ist das Element Wasser, ist der Flüssigkeits-Organismus, das Drüsen- und Lymphsystem. Durch dieses vollziehen sich alle aufbauenden und vitalisierenden Prozesse, die ihrer Art nach chemischer Natur sind. Auch der Stoffwechsel nach der Nahrungsaufnahme ist an den Flüssigkeitsstrom gebunden. Das Hauptorgan für diesen Bereich ist die Leber und mit ihr auch das Blut. Bei aller Beziehung zur stofflichen Grundlage müssen wir jedoch das Wesen des Ätherleibes in einer übersinnlichen Dimension suchen, in der seine eigentliche Dynamik und Regsamkeit urständet. Aus ihr strömt es ständig in die Welt des Raumes und der Zeit herein.

Der Ätherleib dient im Menschen nicht nur der Organbildung wie bei der Pflanze, der Mensch webt mit seinen Gedanken im Ätherischen. Denken ist ein geistiger Vorgang; der Gedanke wird vom menschlichen Ich im Geistigen erfasst, ehe er im Gehirn als Idee aufleuchtet. Nach den Aussagen Rudolf Steiners weben wir die Gedanken in der Dimension der Bildekräfte des Lichtes. So haben wir auch Mühe mit dem Denken, wenn wir erschöpft, nämlich wenn unsere Ätherkräfte geschwächt sind.

Beim kleinen Kind bilden die ätherischen Kräfte die Organe aus. Werden sie im ersten Lebensjahrsiebent frühzeitig für die Gedankenbildung in Anspruch genommen, kommt es zu Deformierungen der Organe. Daher muss dringend vor einem frühkindlichen Lesen- und Schreibenlernen gewarnt werden.

Der physische Leib ist mineralischer Natur, er gehört zum Element der Erde. Er hat eine menschengemässe Form, geprägt von der individuellen Persönlichkeit. Viele Einzelheiten sind dem Erbstrom unterworfen. Durch diesen ist gleichsam ein Modell vorgegeben, in welches sich das Individuelle des Menschen im Lauf des Lebens immer stärker einprägt, um es zu verwandeln.

Im Bau des Leibes und seiner Funktionen offenbart sich eine erhabene göttliche Schöpfermacht. Die mittelalterlichen Mystiker haben den menschlichen Leib darum den Tempel Gottes genannt. Der Mensch kann als ein geistig-seelisches Wesen in ihm wohnen und sich seines göttlichen Ursprungs entsinnen.

Der Anatom hat den menschlichen Leib in vielen Einzelheiten erforscht, der Physiologe hat Funktionen der Organsysteme in grossartiger Weise klargelegt. Doch je mehr man sich in die einzelnen Fakten vertieft, desto schwerer fällt es, die Ganzheit zu überschauen und eine geistige Wirksamkeit in ihr zu entdecken. Und immer wieder steht man vor dem grossen Geheimnis: Wie kann der Mensch mit seinem Gehirn Gedanken einer geistigen Welt reflektieren, in seinem Herzen Liebe üben und durch seine Glieder im Sinne einer göttlichen Weltordnung wirken?

Um auf diese Frage eine Antwort zu finden, ist eine Erweiterung des Bewusstseins nötig, wie sie in dieser Schrift auf der Grundlage der Anthroposophie angestrebt wird.

Wir haben bereits geschildert, wie das Ich des Menschen durch das Tor der Wärme den Zugang in die Stofflichkeit findet. Wie ist nun aber die konkrete Erfassung des mineralischen Elementes durch das Ich zu denken? Es muss ja von der individuellen Geistigkeit ergriffen und in die Ich-Organisation eingegliedert werden. Eine Fülle von Substanzen fügen sich da zu einem ganzheitlichen Gebilde. Viele Einzelfunktionen stimmen zur Einheit zusammen, und eine umfassende kosmische Ordnung prägt sich darin aus. Es lebt gleichsam ein Mikrokosmos im grossen Makrokosmos der Welt. Dieser Mikrokosmos schafft dem Ich des Menschen die Möglichkeit, sich als selbständiges Wesen in einem grossen geistigen Zusammenhang zu erleben. Das Ich muss alle Teile des Organismus ergreifen, durchkraften, sich darin verwirklichen. Es muss ganz «verleiblicht», «inkarniert» sein. Es muss sich nicht nur mit der Dimension der Seele und des Lebens verbinden, sondern auch das mineralische, physische Element erfassen.

Wie ist das möglich? Die mineralische Substanz wird im Stoffwechselgeschehen materiell aufgelöst, auf die Stufe reiner Wärme erhoben und gleichsam potenziert, damit sie vom Ich ergriffen werden kann.

In den weiteren Kapiteln wollen wir uns nun den Ernährungsprozessen im Menschen zuwenden und dabei versuchen, die menschenkundlichen Darstellungen als Grundlage zu nehmen. Ernährung zielt zwar auf die Erhaltung des physischen Leibes, doch sind auch die drei anderen «höheren» Wesensglieder des Menschen an der Entstehung individuell geprägter, physischer Substanz beteiligt.

V. Der Abbau der Nahrung und der Aufbau menschengemässer individueller Substanz

1. Der Abbau der Nahrung

Die Verdauung der Nahrung beginnt im Munde mit dem Kauen und der Einspeichelung der Speisen. Dabei gilt es, bewusst und aufmerksam zu schmecken; denn das Ich wird durch den bewussten sensorischen Akt des Schmeckens aufgerufen, sich bei den Verdauungsprozessen zu engagieren. Aktivitäten im gesamten Stoffwechsel werden ausgelöst und menschengemäss orientiert, wenn auch tief unter der Schwelle des Bewusstseins.

Die Mundverdauung ist von grosser Bedeutung für alle weiteren Prozesse. Wird bei ihr durch schlechtes Kauen und uninteressierte Seelenhaltung etwas versäumt oder die Speichelsekretion und Mundflora durch die Aufnahme denaturierter Speisen gehemmt, kann der weitere Stoffwechsel nicht mehr ungestört verlaufen.

Nicht nur das Ich ist bei der Nahrungsaufnahme beteiligt, auch das Seelische des Menschen, der Astralleib, greift in diese Vorgänge ein. Daher wird die Nahrung besser verdaut, wenn wir die Mahlzeit in geruhsam heiterer Stimmung einnehmen, wenn die Seele in einer harmonischen Tischrunde mitschwingt und sich der Speise in Dankbarkeit gegenüber den Schöpfermächten zuwendet.

Durch das Ferment des Mundspeichels, das Ptyalin, wird die Stärke zu Zucker abgebaut. Daher schmeckt ein Bissen Brot nach gründlichem Kauen und Einspeicheln süss. Durch isolierten Zucker wird die Aktivität des Ptyalins gestört. Das schadet der gesamten Mundverdauung und verursacht ein krankhaftes, saures Mundmilieu, wodurch wiederum der Grund für die Zahnkaries gelegt wird.

Die Verdauung der Kohlehydrate geht im Magen weiter, da die Speichelfermente mit der Nahrung zusammen geschluckt werden. Die Fermente des Magensaftes, das Pepsin und die Salzsäure, bauen das Eiweiss ab. Die restlose Auflösung der Nahrung wird im Dünndarm geleistet. Hier kommt das Sekret der grossen Verdauungsdrüse, des Pankreas, auch Bauchspeicheldrüse genannt, zum Einsatz. Es enthält ein Ferment zum Abbau der Eiweisskörper, das Trypsin, die Lipase zur Fettverdauung und die Diastase (Amylase) für die Stärke. Die Lipase wirkt zusammen mit der Gallenflüssigkeit.

Im Gegensatz zur Leber, in deren Gewebe ständig Stoffe umgesetzt werden, waltet in der Bauchspeicheldrüse vollständige Stoffwechselruhe. Dabei nimmt das Pankreas die aufgenommenen Substanzen wahr und reagiert äusserst sensibel mit der Sekretion des Fermentes. Es ist die übergeordnete Zentrale des Stoffwechsels, auch «Drüsengehirn im unteren Menschen» genannt[9].

Kein Nahrungsmittel wird direkt in das Innere des Organismus aufgenommen. Es muss erst im Magen-Darm-Trakt gänzlich abgebaut werden. Dabei sinken die Substanzen auf eine mineralische Stufe. Alle Eigenregsamkeit ist in ihnen getilgt, das Leben vom Stoff gelöst. Denn die Bildekräfte dienen der Wesensart der entsprechenden Pflanze und sind für den Menschen ein Fremdes, das überwunden werden muss. Geschieht das einmal nicht vollkommen, sind krankhafte allergische Reaktionen die Folge.

2. **Der stufenweise Aufbau körpereigener Substanz**

Nach ihrem Abbau im Darm werden die Nahrungssubstanzen in den menschlichen Organismus eingegliedert. Dazu werden sie auf die verschiedenen Stufen gehoben. Das geht Schritt für Schritt vor sich, den beschriebenen Wesensgliedern des Menschen entsprechend: Erst werden sie in den Ätherleib aufgenommen, dann dienen sie nach einem weiteren Schritt der Verwandlung als physische Grundlage für die menschliche Seele, und schliesslich werden sie in die Ich-Organisation eingefügt. Erst dann ist aus dem Nährstoff eine menschliche, individuelle Substanz geworden.

Wie geschieht das? – Vor jedem Schritt zu einer neuen Stufe muss die Substanz gleichsam durch einen Nullpunkt gehen. Sie muss sich auflösen, um dann aus der Peripherie, aus dem kosmischen Umkreis neu zu entstehen.

Die Verwandlung der Nahrung in Lebendiges und die Einfügung in den Ätherleib des Menschen beschreibt Rudolf Steiner in einem Vortrag vor Ärzten 1922[10]. Es werden die anorganischen «toten» Teile der Substanz – Rudolf Steiner spricht hier vom Eiweiss – in organisches, lebendiges Eiweiss umgewandelt im physischen Bereich des Herz-Lungen-Systems. Dabei ist die ätherische Organisation des Menschen tätig und fängt die umgewandelte Nahrungssubstanz in ihren Kräftebereich ein. Im rhythmisch strömenden Blut, in der Atmung, haben wir ein menschlich geprägtes ätherisches Fluten und Wirbeln. Durch den Wechsel von Einatmung des Sauerstoffs und Ausatmung der Kohlensäure, durch den Stoffaustausch im Kapillarnetz wird ständig Lebloses abgegeben, entsteht fortwährend Leben neu.

Die vermittelnde Substanz dieses Lebens ist der Sauerstoff. Er verbindet das Leben mit dem Organismus, durch ihn wird Ätherisches im Physischen gehalten und eingegliedert. Der Sauerstoff ist das Element, welches die ätherische Organisation gewissermassen im Physischen fixiert. Der Kohlenstoff gibt das Gerüst für die physische Organisation selbst ab.

Nun muss die Substanz in einem weiteren Akt in den Bereich des Seelischen, des Astralleibes, eingegliedert werden. Das Ätherische ist mit dem Sauerstoff an das flüssige Element gebunden. Die astralische Organisation hat ihren unmittelbaren Angriffspunkt im luftförmigen Bereich. Durch das Element der Luft, das den physischen Leib als eine gegliederte, zusammenhängende Organisation durchkraftet, wird erst das Eingreifen der Seele in den Leib ermöglicht. Dadurch wird der Mensch auf der Erde ein empfindendes, durchseeltes Wesen.

Durch welches Organ verwirklicht sich dieses Prinzip? Es kling überraschend: durch die Nieren. Diese haben nicht nur eine absondernde Funktion, sie sind auch das «Ausstrahlungsorgan» für den astralischen Organismus im Stoffwechselbereich. In ihnen haben wir die organische Grundlage für die Empfindungsfähigkeit. Das ist natürlich tief unter der Schwelle des Bewusstseins veranlagt. Aber früher wussten es die Menschen noch, und der Sprachgebrauch bewahrte diese Weisheit: «Ich werde auf Herz und Nieren geprüft», «Etwas ist mir auf die Nieren geschlagen». Das Element, das sich auf dieser Ebene mit dem Kohlenstoff und Sauerstoff verbindet, ist der Stickstoff. Durch ihn wird der Astralleib mit dem Physischen verbunden, er leitet seelische Qualitäten in das Physische hinein.

Auf einer letzten Stufe wird nun die Substanz in den eigentlich menschlichen, individuellen Bereich aufgenommen, in die Ich-Organisation.

Hier ist die Wärme das Element, das zwischen dem Geistigen und Physischen vermittelt; die Ich-Organisation ist an die Wärmedifferenzierungen im gesamten Organismus gebunden. Und die Organe, welche auf die Wärmestruktur wirken, sind Leber und Galle.

Wiederum weist Rudolf Steiner auf die Substanz hin, welche die Ich-Organisation mit dem Physischen verbindet: es ist der Wasserstoff. Durch ihn werden Wärme-Organisation und Ich-Tätigkeit im physischen Leib gehalten.

Mit diesen Betrachtungen eröffnet Rudolf Steiner einen Erkenntnisweg, der das Sinnliche und Übersinnliche zugleich begreift, indem er die physischen Repräsentanten des Geistigen mit ins Auge fasst: «Geist ist niemals ohne Materie, Materie niemals ohne Geist.» Das gilt für den ganzen Menschen wie für jede einzelne Zelle.

3. **Die Ernährung aus dem kosmischen Umkreis**

Wir haben den Aufbau der Nahrungssubstanz betrachtet und gesehen, wie eine stufenweise Aneignung entsprechend den Wesensgliedern des Menschen erfolgt. Alle Vorgänge im Organismus sind menschengemäss orientiert, und die Substanzen erhalten dadurch eine individuell geprägte Qualität.

Es soll nun der Aufbau von Körpersubstanz so beschrieben werden, dass wir versuchen, von der Wirklichkeit der Bildekräfte auszugehen. Das verlangt, unser Denken an dem übersinnlichen Erkennen zu orientieren, wie es Rudolf Steiner in zahlreichen Vorträgen und Schriften vermittelt hat. Für unser alltägliches gegenständliches Bewusstsein treten da oftmals Widersprüche auf, die sich nur lösen, wenn wir bedenken, dass wir uns mit unseren Vorstellungen nunmehr in verschiedenen Seins-Ebenen befinden.

Der Wert unserer Nahrung wird durch den Gehalt an lebendiger Substanz, an ätherischen Bildekräften bestimmt. Bei der Verdauung der Nahrung im Menschen lösen sich Schritt für Schritt die Bildekräfte aus der Verhaftung im Stofflichen. Und wie die Substanzen von den Verdauungssäften abgebaut werden, so werden die Bildekräfte der Nahrung in differenzierter Weise von den Kräften des menschlichen ätherischen Systems umgewandelt. Auch hier muss eine Art Verdauung stattfinden. Denn die Bildekräfte der Pflanze haben für den menschlichen, individuell gestalteten Ätherleib einen artfremden Charakter. Sie sind ja geschaffen, eine bestimmte Pflanze zu bilden, zum Beispiel den Roggen. Im Menschen indessen dürfen keine Roggenfelder spriessen. Darum muss das Fremde von den Kräften des Ätherleibes überwunden werden, damit Arteigenes sich aufbauen kann.

Wie geht das vor sich? Die Prozesse in der ätherischen Welt sind schwer in Worte zu fassen; beziehen sich doch unsere Ausdrücke auf die Dinge der sichtbaren Umwelt. Wir kommen indessen der Realität nahe, wenn wir die Welt des Lichtes als Gleichnis wählen. Damit gebrauchen wir mehr als ein Symbol; denn Licht ist in der geistigen Welt höchste Wirklichkeit des Lebendigen. So spricht Rudolf Steiner bei seinen vielfältigen Beschreibungen des Ätherischen von einem Aufleuchten und Erglitzern, einem fortwährenden Fluktuieren, das in jedem Augenblick in anderer Weise erscheint; nur für einen Augenblick erglänzt es im Raume. Es gleicht einem Farbenfluten, nicht an den Dingen haftend, sondern frei schwebend, in ständiger rhythmischer Bewegung, aber für die Augen unsichtbar – denn es ist geistiger Art.

Ein Blinder, Jacques Lusseyran[11], erlebte dieses Leuchten in seiner Seele. Er sprach von dem «wiedergefundenen Licht». Es bildete sich in ihm zu einem Wahrnehmungsorgan für alles Lebendige. Obwohl seine Augen verschlossen waren, konnte er von Pflanzen Eindrücke empfangen, konnte Bäume bemerken, an denen er vorüberging. Dieses Vermögen war stark von Moralischem abhängig; es offenbarte sich ihm auch, was an Lichtvollem oder Dunklem in anderen Menschen lebte, das Schauvermögen erlosch, wenn er ungeduldig, angespannt oder missmutig gestimmt war.

Der Ätherleib des Menschen ist in sich durch vielfältigste Bewegungen und Gesten gegliedert. Durch ihn werden rhythmische Funktionsordnungen impulsiert, er liefert die «Substanz» für unser Denken; seine Regsamkeit dient zur Bildung der Organe, er schafft die Substanz unseres Leibes.

Hierzu wird er durch die Bildekräfte der Nahrung in spezifischer Weise angeregt. Es entstehen in ihm Schwingungen und Strömungen, die zur Verdichtung von Substanzen aus dem kosmischen Umkreis führen. In dieser Aktivierung des Ätherleibes sieht Rudolf Steiner den eigentlichen Sinn der Ernährung.

Die Substanzen werden vom Menschen aus dem kosmischen Umkreis in ausserordentlich fein verteiltem Zustand aufgenommen. Dabei strömen sie durch die Sinne in Verbindung mit Atmung und Haut ein und gelangen von dort aus ins Blut. Durch die Tätigkeit des Ätherleibes werden sie verdichtet und in den Organismus eingegliedert.

Diese Bildung kommt einer umgekehrten Potenzierung gleich. In der homöopathischen Arzneimittelherstellung wird die Substanz in einem rhythmischen Verfahren von Potenz zu Potenz verdünnt. Bei einer D 20 entspricht die Verdünnung dem Verhältnis von eins zu einer Zahl von 20 Nullen. Es ist also kein einziges Molekül des Stoffes mehr vorhanden, sondern eine reine Kräftewirkung. Bei dem Substanzaufbau aus dem kosmischen Umkreis wird der umgekehrte Weg beschritten. Durch rhythmische Bewegungen im Ätherleib werden aus einem Kraftfeld Substanzen verdichtet. Diese Verdichtung von Substanz geschieht in der Pflanze bei der Photosynthese, wenn der Kohlenstoff der Luft in der Stärke angereichert wird.

Bei der Substanzbildung denken wir an das Wort des schwäbischen Mystikers Oetinger: «Die Substanz ist das Ende der Wege Gottes.» Damit ist gemeint: Ehe eine Substanz im irdischen Bereich erscheint, geht ein langer Weg von Bildevorgängen in der göttlich-geistigen Welt voraus. Eine Substanz entsteht aus dem Urgrund, dem Mutterschoss des Seins.

Wer ist der Schöpfer? Immer, wenn etwas gebildet wird, müssen Wesen da sein, die das bewirken. Alle Religionen wussten von ihnen und nannten sie Engel, Diener und Boten der höchsten Gottheit.

Auch den Bildekräften in der Natur liegt Wesenhaftes zugrunde, oder genauer gesagt, es sind Wesen einer Naturgeistigkeit. Auch sie waren für die Menschen früherer Zeiten eine Realität. Rudolf Steiner nannte sie Elementarwesen. Im Menschen erfahren sie eine Verbindung mit den genannten höheren geistigen Hierarchien.

Wir unterscheiden zwei Ernährungsströme im Menschen, die beide in der Ätherwelt urständen, den Strom über die Nahrung und den Strom über die Sinne. Auf beiden Wegen wirkt das individuelle Geistig-Seelische des Menschen mit. Wie bei der Aufnahme der Speisen die Stimmung und Zuwendung zur Welt des Lebendigen die Verdauung beeinflusst, so hängt auch die Ernährung durch die Sinne von der geistigen

Haltung ab. Es gibt Beispiele aus der Geschichte, wo Menschen mit tiefer Frömmigkeit und inniger Verbindung zur göttlichen Welt auf irdische Nahrungsaufnahme verzichten konnten und allein durch die kosmische Ernährung am Leben gehalten wurden. Das ist bei Niklaus von der Flüe und Therese Neumann von Konnersreuth historisch belegt.

Aber auch die Reaktionsfähigkeit des individuellen Ätherleibes auf die Bildekräfte der Nahrung ist für den Substanzaufbau mit entscheidend. Wir können oft beobachten, wie jemand, der grosse Mengen an Nahrung zu sich nimmt, mager und schlecht ernährt ist. Ein anderer dagegen isst nur wenig und vielleicht sogar Speisen von mässiger Qualität, und er ist trotzdem wohlgenährt. Woher der Unterschied? Es liegt an der Stärke und Sensibilität des ätherischen Leibes, wobei auch die Vererbung eine Rolle spielt.

Da könnte jetzt eingewendet werden: Dann ist es ja gar nicht so wichtig, was ich esse! Das mag zwar in gewissen Fällen zutreffen. Aber die Menschen unserer Zeit werden zunehmend sensibler für die Nahrung; denn ihre Ätherleiber – durch zahlreiche Einflüsse der Zivilisation geschwächt – sind, um den kosmischen Aufbau leisten zu können, in hohem Masse auf die Anregung durch Nahrungsqualität angewiesen. Das gilt insbesondere für den Aufbau des Nervensystems.

4. **Der Aufbau des Nervensystems**

Rudolf Steiner hat darauf hingewiesen, dass Gehirn und Nervensystem nicht in gleicher Weise wie die anderen Organe aufgebaut werden. Da vollzieht sich nicht die reine Verdichtung aus dem kosmischen Umkreis, da gelten andere Gesetze[12].

Die Nerven-Sinnes-Organisation – und nur diese – wird substantiell im wesentlichen aus den Nahrungsstoffen gebildet; die Nervensubstanz ist die bis zum Ende getriebene Stoffwechselsubstanz. Das Irdisch-Stoffliche der Nahrung hat somit auf das Nervensystem einen unmittelbaren Einfluss.

Es ist von grosser praktischer Bedeutung, dass der Aufbau des Gehirns und der Nerven von der Nahrungsqualität in besonderem Masse abhängt und nur ein geringer Ausgleich durch kosmische Einflüsse möglich ist. Wir begreifen, dass die weit verbreiteten Störungen des Nervensystems vor allem auch ein Ernährungsproblem sind.

VI. Von verschiedenen Substanzprozessen

1. **Das Eiweiss**

Das Eiweiss ist die Grundsubstanz alles Lebendigen. Es ist in geringer Menge über die ganze Pflanze verteilt. Wenn man diese verbrennt und dadurch Kohlehydrat und Fett in Wärme und Licht zurückverwandelt, bleibt nur ein kleines Klümpchen des gallertigen Eiweisses zurück.

Im Protoplasma aller Zellen ist das Eiweiss in kolloidaler Lösung enthalten. Dabei löst es sich nicht wie ein Salz auf, sondern verteilt sich in eine Unzahl kleinster Kügelchen, die in dem Lösungsmittel schweben und dadurch eine grosse Angriffsfläche für die Kräfte des Lebendigen bieten. So können sich die Bildekräfte durch das Eiweiss mit dem Stofflichen verbinden.

Das Eiweiss einer jeden Zelle wird durch eine besondere Bildekräftestruktur geprägt oder, wie es der moderne Genetiker ausdrückt: die Zellen werden durch ein übergeordnetes Prinzip informiert. Dieses ist der Ätherleib der Zelle, er bewirkt, dass aus einem bestimmten Samen zum Beispiel ein Schneeglöckchen heranwächst und dass aus einer Rose keine Lilie wird.

Jede Art hat ihr spezifisches Eiweiss. Das Eiweiss jedes Menschen ist individueller Natur. Es gibt nicht zwei Personen mit dem gleichen Eiweiss.

Welches sind die Grundelemente der Eiweissubstanz? Rudolf Steiner hat in seinem Kurs für Landwirte[3] das Kompositionsgeheimnis des Eiweisses enthüllt und die Eigenart der Urbestandteile beschrieben. Folgen wir ihm, dann geraten wir nicht in Versuchung, atomistisch zu denken und das Ganze durch Zerstückelung in die Teile begreifen zu wollen. In einem Lebewesen ist der Einzelstoff nur so viel wert, als er bereit ist, seine Eigenschaften aufzugeben und sich in das Ganze eingliedern zu lassen. Nur so kann sich die wesenhafte Ganzheit im Stoffe verkörpern. Rudolf Steiner hat das Wesen der Eiweissgrundstoffe gleichsam als «Urphänomen» beschrieben, so dass wir dadurch eine lebendige, wirklichkeitsgemässe Anschauung vom Eiweiss gewinnen.

Seine Grundelemente sind: Kohlenstoff, Sauerstoff, Stickstoff, Wasserstoff und Schwefel.

Der **Kohlenstoff** ist der Gerüstbildner. Durch ihn wird der organischen Welt Form und Gestalt vermittelt. Auf anorganischer Stufe offenbart sich seine Formkraft in Diamanten. Wie ansprechbar der Kohlenstoff für Licht-, Farb- und Verdichtungskräfte des Kosmos ist, zeigt die Vielfalt der Erscheinungen der Kohlenstoffchemie.

Das Eiweiss selbst ist nicht geformt. Es enthält aber in sich die Formkraft als potentielle Möglichkeit. In diesem Sinn nannte Liebig das Eiweiss auch den Plastizierstoff, dessen sich der Weltengeist bedient, um die tausendfältige Fülle der verschiedensten Gestaltungen hervorzubringen.

Der **Sauerstoff** ist der eigentliche Inkarnationsstoff des Lebendigen. Er schafft die Möglichkeit, dass ätherische Kräfte den physischen Träger ergreifen können. Er trägt das Leben in den Stoffbereich und hält es dort. Darum sind auch rasch wachsende Keimgewebe so stark auf Sauerstoffzufuhr angewiesen. Verschwände der Sauerstoff aus der Welt, so würden alle Stoffe gleichgültig nebeneinander erstarren. Seine gleichbleibende Anwesenheit in der Atmosphäre beruht auf dem fein aufeinander abgestimmten Wechselspiel zwischen pflanzlicher und menschlich-tierischer Atmung. Ein wahres Wunder des Erdenlebens!

Der **Stickstoff** ist im Luftbereich beheimatet. In Mineralien oder Gewässern kommt er nicht vor. Zwingt man ihn unter bedeutendem Energieaufwand dazu, Verbindungen mit festen Stoffen einzugehen, sind diese Substanzen sehr explosiv; der Stickstoff strebt mit aller Macht, sich zu befreien und in die ihm gemässe Luftform überzugehen.

Die Luft ist nach geisteswissenschaftlichen Erkenntnissen Träger des Astralen, des Beseelten, der Empfindung. Wie der Name «Astral» sagt, besteht eine Beziehung zur Sternenwelt. Der Grieche erkannte noch, dass der Mensch mit der Luft das «Pneuma», die Weltenseele, einatmet und dadurch im Zusammenhang mit kosmischen Ordnungen denken und empfinden kann. Rudolf Steiner bezeichnet im Landwirtschaftlichen Kurs den Stickstoff als «Träger einer geheimnisvollen Empfindlichkeit, die über das ganze Erdenleben ausgegossen ist ... als den empfindenden Vermittler ... für das, was von den Sternen ausgeht und im Leben der Pflanze und im Leben der Erde weiter wirkt ... Er ist im menschlichen Nervensystem dasjenige, was die Empfindung vermittelt».

Der **Wasserstoff** vergeistigt wieder das Stoffliche, welches Form, Leben und Empfindung durch Kohlenstoff, Sauerstoff und Stickstoff erhielt. Es gehört ja zum Zyklus eines lebendigen Wesens, dass es sich nach kurzer oder langer Zeit aus der Erscheinungswelt zurückzieht und wieder vom Kosmos aufgenommen wird. Nur der Same bleibt zurück und schafft die Möglichkeit eines neuen Werdens.

Damit sich das Geistige mit dem Samen verbinden kann, muss das Sameneiweiss in einen völlig formlosen, chaotischen Zustand gebracht werden. Da darf keine alte Struktur im Wege stehen, da muss sich alles neu orientieren. Das Eiweiss muss ganz offen für die kosmischen Wesensbereiche sein, die in Erscheinung treten wollen. Dieses impulsiert der Wasserstoff. Er wirkt in den ätherischen Ölen der Pflanzen, in den Düften der Blüten, in der Pollenbildung – in allen Prozessen, die zur Samenbildung führen. Das drückt sich auch stofflich aus: Rosmarinöl ist die wasserstoffreichste Substanz im Pflanzenbereich.

So dürfen wir sagen, dass der Wasserstoff dem Geistigen den Weg bereitet, den Erdenschauplatz zu betreten und sich wieder von ihm zu lösen.

Der **Schwefel** ist der Mittler zwischen dem überall in der Welt ausgebreiteten Geistigen und dem Stofflichen. Wo Geistiges in das Stoffliche hinein wirkt, ist der Schwefel der Träger, wenn auch oft in feinster Verdünnung. Rudolf Steiner brauchte ein einprägsames Bild: Wie ein bildender Künstler sich die Hände mit Wasser befeuchtet, um den Ton plastizieren zu können, so bedient sich der Weltengeist des Schwefels, damit er seine Impulse in die Schöpfung einprägen kann. Sulfur und Phosphor heisst «Lichtträger». Es wird mit diesem Namen auf die Funktion des Schwefels gedeutet, ein Geistiges, nämlich das Licht, in die Materie hineinzutragen. Diese Tätigkeit des Schwefels ist oft verborgen, drückt sich jedoch in vielen seiner Eigenschaften aus. Schwefel ist überall in der Natur zu finden und geht in die verschiedensten Verwandlungen ein. Er vereint sich mit den Grundsubstanzen Kohlenstoff, Sauerstoff, Stickstoff und Wasserstoff; er erscheint in Gesteinen, diesen Farbigkeit verleihend, in Gewässern, in der Luft; er unterhält enge Beziehungen zu Licht und Wärme. Er vergeht in der Verbrennung und erscheint wieder im feurigen Umkreis des Vulkanischen. Er verwandelt sich ständig als ein Proteus im Naturgeschehen. Das macht ihn für seine Mittlerrolle so geeignet. Zum anderen führt der Schwefel aber auch zu Formlosigkeit und Auflösung.

Diese Grundelemente des Eiweisses finden sich im Umkreis der Pflanze und zum Teil auch im Erdbereich. Sie werden durch die Bildekräfte aufgenommen und stufenweise zum Eiweiss zusammengefügt.

Im menschlichen Organismus wird das Eiweiss bei der Verdauung abgebaut und mineralisiert. Der letzte Akt geschieht durch das Sekret der Bauchspeicheldrüse. Der Aufbau vollzieht sich dann, wie bereits geschildert, zunächst durch die Dynamik des Ätherleibes und auf weiteren Stufen durch die Beteiligung der höheren Wesensglieder des Menschen. Nur so kann das Eiweiss individuell geprägt werden.

Nach Ansicht des Naturwissenschaftlers erfolgt der Abbau des Eiweisses im Darm nur bis zu den Aminosäuren. Er bezeichnet diese auch als Eiweissbausteine und unterscheidet den Nährwert eines Eiweisses nach dem Gehalt an Aminosäuren. Eine bestimmte Gruppe nennt er essentielle Aminosäuren. Das besagt, dass der Organismus diese nicht selbst bilden kann und auf ihre Zufuhr mit der Nahrung angewiesen ist, da sie lebensnotwendig sind.

Wie verträgt sich diese Anschauung mit der Darstellung der Ernährung aus dem kosmischen Umkreis? Wir haben im vorigen Kapitel beschrieben, wie die Bildekräfte der Nahrung den menschlichen Ätherleib zur tätigen Umbildung anregen, und wie auch die Substanzen bei ihrer stufenweisen Eingliederung in den menschlichen Organismus völlig neu geschaffen werden. Wie steht es dabei mit den essentiellen Aminosäuren? Bilden sie eine Ausnahme? Kann der Organismus sie nicht selbst bilden? Gewiss kann er das. Es ist nur bei diesen besonderen Eiweissstoffen eine spezifische Anregung des menschlichen Ätherleibes notwendig. Auch ist bei der Transsubstantiation die nächste Stufe der Verwandlung von dem vorhergehenden Abbau abhängig; der Neuaufbau richtet sich nach dem, was abgebaut wurde. So können bestimmte Aminosäuren im Organismus nur entstehen, wenn mit der Nahrung das entsprechende Modell für den Aufbau vorgelegt wird.

Leben und Bewusstsein

Im menschlichen Organismus treten zwei Bereiche in Wechselwirkung. Das sind Leben und Bewusstsein. Das Bewusstsein entfaltet sich auf Kosten des Lebens, es zehrt ständig Leben auf; denn wir denken mit den

Kräften des Lebendigen. Andererseits dürfen sich die vitalen Kräfte, die dauernd über ihre Bereiche hinausdrängen im Haupt des Menschen, nicht zu stark entfalten.

Mit dieser Feststellung sind wir mitten in der Problematik der Eiweissernährung. Als Trägersubstanz des Lebendigen kann das Eiweiss in zu hohen Gaben und zu massiger Qualität die freie Bewusstseinsentfaltung einengen. Das kann eine dumpfe Seelenhaltung bewirken oder auch eine Fixierung des Gedankenlebens an die Bildestruktur des Eiweisses. Der Mensch bleibt dann nicht Herr seiner Vorstellungen, sondern wird von einer Bildekraft beherrscht, die auf den Bauch beschränkt sein sollte. Er mag durchaus intelligent sein, wird aber keine freien und schöpferischen Gedanken fassen können.

Gefahren durch zu hohen Eiweisskonsum

Es liegt noch nicht weit zurück, da wurde von der konventionellen Ernährungswissenschaft eine Nahrung mit viel tierischem Eiweiss propagiert. Rudolf Steiner empfahl dagegen eine sehr geringe Menge von Eiweiss und warnte eindringlich vor einem Zuviel; denn die Sklerose habe ihre Hauptursache in der toxischen Wirkung unverdauter Eiweissreste. Diese Aussage ist heute auch mit naturwissenschaftlichen Methoden bestätigt worden. Trotzdem ist der Eiweisskonsum, der ja vorwiegend durch Fleischnahrung bestritten wird, noch bedenklich hoch.

Das Eiweiss ist stets an Mineralien, besonders an Eisen gebunden. Für seinen Nährwert ist diese Verbindung entscheidend. Daher hat die Angabe des Eiweissgehaltes einer Speise oder auch der Gehalt an Aminosäuren nur begrenzten Wert. Die Komposition mit Mineralien oder auch mit Eiweissarten anderer Pflanzen bedingen, welche Prozesse im Menschen angeregt werden. Und darauf kommt es an.

Das pflanzliche Eiweiss wurde gegenüber dem tierischen früher als minderwertig beurteilt. Das hat sich in neuerer Zeit geändert. Eine besonders glückliche Kombination von Eiweiss und Mineralien bietet das Getreide. Daher können wir mit ihm unseren Eiweissbedarf gut decken. Ein Eiweissmangel ist bei Vollkornernährung, wenn wir mit den Getreidearten wechseln, nicht zu befürchten.

In welchen Pflanzenorganen ist die Eiweissdynamik vorwiegend veranlagt? Die Antwort auf diese Frage vermittelt uns den Schlüssel zum Verständnis der Eiweissernährung. Rudolf Steiner gibt aus seiner geistigen Schau eine überraschende Enthüllung: In den Früchten konzentriert sich die Eiweissdynamik. Die Nahrung mit Früchten, insbesondere der Körnerfrucht, ist für den menschlichen Eiweissstoffwechsel von grösster Bedeutung. In diesem Zusammenhang weist Rudolf Steiner darauf hin, dass durch treibende Dünger die Eiweissbildung gestört wird und Krankheitserscheinungen besonders bei Kindern darauf zurückzuführen sind. Das gilt auch für die Eiweissbildung im grünen Blatt. Beim Spinat tritt uns die mangelhafte Ausreifung des Eiweisses mit der Bildung giftiger Zwischenprodukte in klassischer Weise entgegen. Es kam wiederholt zu schweren Vergiftungen von Säuglingen, so dass Kinderärzte die Mütter warnen, in der ersten Lebenszeit Spinat zu verabreichen. Später, meinten sie, sei das Gift eher zu verkraften. Die Warnung vor dem Spinat wäre nicht nötig, wenn man sich auf Demeterprodukte umstellen würde. Dieses für das Kind so wertvolle Gemüse gewinnt durch biologisch-dynamischen Anbau die höchste Nährqualität.

2. **Das Eisen**

Es wird immer wieder mit Besorgnis festgestellt: Fast 50% der Bevölkerung, besonders Kinder, leiden an einem Eisenmangel in der Ernährung. Blässe, Schwäche und Antriebslosigkeit sind die Folgen. Dabei muss gar nicht einmal die absolute Eisenmenge in der Nahrung erheblich reduziert sein, sondern die Kombination mit anderen Substanzen – wie mit Eiweiss – ist unvollständig. Im Getreide, aber nur im ganzen Korn, finden wir eine hochwertige organische Ganzheit mit starker Eisenwirkung. Ein klassisches Beispiel hierfür: Die Schweiz war im letzten Weltkrieg von allen Importen abgeschnitten. Eine Notverordnung bestimmte, das Getreide voller auszumahlen, Weissmehlprodukte einzuschränken und die Mastviehhaltung, bei der viel Getreide verfüttert wird, zu reduzieren. Nach einiger Zeit wurden an 700 Testpersonen Kontrollen der Eisenwerte durchgeführt. Man fand trotz der Kriegsverhältnisse eine Erhöhung des roten Blutfarbstoffes bei Kindern um 27,3%, bei Erwachsenen um 19,3%. Die deutliche Besserung des Eisenhaushaltes ist auf den Verzehr von Vollkornprodukten zurückzuführen.

Doch ehe wir uns mit weiteren Fragen der Ernährung mit Eisen zuwenden, müssen wir uns mit dem Wesen des Eisens und seiner Bedeutung für den menschlichen Organismus befassen.

Das Eisen ist eine der verbreitetsten Substanzen auf Erden. Es geht eine Fülle von Verbindungen mit anderen Stoffen ein und tritt uns in den verschiedensten Formen und Farben der Gesteinswelt entgegen.

Der Mensch stellt es seit alter Zeit in seinen Dienst; unsere materielle Kultur ist ohne das Eisen nicht denkbar.

Eine besondere Stellung nimmt das Meteoreisen ein. Bei diesem ist anschaulich, wie sich Substantielles aus dem Kosmos heraus bildet. Aus dem Licht der Meteore verdichtet es sich und fällt zur Erde. Jedes Jahr, wenn der Sommer sich neigt, beeindruckt uns der Sternschnuppenfall. Was in den Meteoren so deutlich in Erscheinung tritt, durchzieht in feinster Stofflichkeit ständig die Erdatmosphäre.

Welche Kraft des Eisens offenbart sich dabei? Liegt diesem Prozess eine geistige Wirklichkeit zugrunde?

Derartige Fragen stellen sich jedem, der sich nicht mit der Feststellung von Tatsachen begnügt, sondern bestrebt ist, einen Sinn hinter der sichtbaren Erscheinung zu entdecken.

Um das Wesen des Eisens zu ergründen, ist eine höhere Art des Erkennens nötig als diejenige, welche uns die Welt der Bildekräfte in der Pflanzenwelt erschliesst. Die Dynamik des Eisens entstammt einer der Vegetabilien übergeordneten Dimension. Was ist das Wesen dieser Substanz? Welche Rolle spielt sie in der Welt?

Blicken wir zunächst auf den Umkreis der Erde im Jahreslauf. Im Sommer entfaltet sich in Wärme und Licht ein reges vegetatives Leben. Die spriessenden und blühenden Pflanzen verströmen sich in den Umkreis. Es gewinnt ein Weltprinzip die Oberhand, das Rudolf Steiner in Anlehnung an eine alte alchimistische Bezeichnung «sulfurisch» nennt, das heisst: dem Schwefel verwandt.

Dagegen tritt das polare Sal = Salzprinzip zurück. Dieses wirkt seiner Eigenart nach formbildend, konturierend und kühl, das Sulfurische indessen auflösend, verströmend und warm. In der Pflanze drückt sich der Salpol in der Wurzel, das Sulfurelement in der Blüte aus. Dazwischen vermittelt das «Merkuriale» in Blatt und Stengel.

Auch im Menschen sind die polaren Prinzipien und die ausgleichende Mitte vertreten. Bei ihm wirkt im kühlen Kopf der Salpol und macht ein geformtes, kristallklares Denken möglich. Dagegen ist der Sulfurpol in Blut und Stoffwechsel die organische Grundlage für das Trieb- und Willensleben. Dazwischen gleicht das Herz- und Atmungssystem mit seinen rhythmischen Funktionen aus.

Das Überwiegen des Sulfurpoles in der sommerlichen Atmosphäre ist nicht ohne Einfluss auf den Menschen. Als Mikrokosmos nimmt er an dem teil, was sich in seiner makrokosmischen Umwelt abspielt. So breiten sich, wenn der Sommer zur Neige geht, in ihm Sulfurprozesse aus. Es ist ein intimer Vorgang, für das gewöhnliche Bewusstsein nicht wahrnehmbar, aber doch bedeutungsvoll[13].

Das Überhandnehmen der Sulfurprozesse in der Atmosphäre der Erde und im Menschen verlangt nach einem Ausgleich. Als eine helfende Weltenkraft tritt in dieser Situation das Eisen in Erscheinung. Es reinigt die Atmosphäre wie ein Gewitter und stellt das Gleichgewicht wieder her.

Was uns im Makrokosmos majestätisch als Sternschnuppenfall entgegentritt und was immerfort in der Atmosphäre der Erde in feinster Weise da ist, durchwirkt auch den menschlichen Organismus. Auch in ihn greift der Eisenprozess ein, den mächtigen Schwefelprozess überwindend. Das ist nicht jahreszeitlich begrenzt – wenn es auch im Spätsommer seinen stärksten Ausdruckt findet –, ständig strahlt das Eisen in das Blut ein und zeigt dabei in reinster Form, was Rudolf Steiner als kosmische Ernährung beschrieben hat. Wohl keine Substanz weist auf die Verbindung der Erde und ihrer Bewohner mit dem Kosmos so deutlich hin wie das Eisen.

Das Einlasstor für die Eisensubstanz sind die menschlichen Sinne. Wir stellen uns dabei eine Art ätherischer Eisenstofflichkeit vor, eine übersinnliche Substanzqualität, die zwar die Sinnesorgane passiert, aber keine Wahrnehmung liefert. Sie strahlt zunächst in die Bildungsstätten des roten Blutes ein, also ins Knochenmark, insbesondere in die Kugelschale des Schädelknochens, und ergreift dann das gesamte Blut bis zu dessen Auflösung in Milz, Leber und Galle. Wir finden das Eisen in jedem Blutkörperchen an den Farbstoff, das Hämoglobin gebunden. Mit diesem bildet es gleichsam einen neuen Kern, denn die Blutzelle verliert ihren Kern beim Verlassen des Knochenmarks.

Das Eisen ist eingefügt in den so ungeheuer dynamischen Vorgang des ständigen Werdens und Vergehens des Blutes. Ein rotes Blutkörperchen hat im strömenden Blut eine Lebensdauer von 120 Tagen, nachdem es im Knochenmark eine längere Reifungszeit durchgemacht hat und dabei das Eisen aufnahm. Das deutet auf einen intensiven Stoffwechsel, denn es muss ständig für die zerfallenden Blutzellen Ersatz geschaffen werden. Einige Zahlen mögen dies deutlich machen: Es gehen während des ganzen Lebens eines Menschen pro Sekunde 2,4 Millionen rote Blutkörperchen zugrunde, und im Knochenmark müssen wieder neue gebildet werden. Oder anders gerechnet: Von einer Gesamtzahl von 25000 Milliarden roter Blutzellen werden täglich 208 Milliarden aufgelöst.

Mit diesem Prozess ist das Eisen verbunden. Es wird beim Zerfall der Blutkörperchen frei und von der Leber aufgenommen. Mit der Galle wird es dann zur Verdauung der Nahrung eingesetzt oder zur Bildung des Blutfarbstoffs wieder dem Knochenmark zugeführt.

Welche Aufgaben hat das Eisen im Blut zu erfüllen? Rudolf Steiner weist darauf hin, dass das Blut ständig krankmachenden Einflüssen ausgesetzt ist. Es wirkt in ihm die zwar an das Leben gebundene, aber in ihrer Tendenz auflösende Kraft des Sulfurs.

Auch greift in das Blut die Astralität des emotionellen Trieb- und Begierdelebens ein. Diesen krankmachenden Einflüssen stellt sich das Eisen entgegen, harmonisiert, reinigt und heilt. Ohne Eisen würde das Blut viel rascher verströmen und sich auflösen. Es wird eine Zeitlang gehalten durch die Kraft des Eisens. Dabei müssen wir uns vorstellen, dass sich das Eisen im Blut ständig neu bildet. Wie die leuchtenden Meteore im Kosmos, so glänzt es wie ein lichtvoller Funke im Blute auf.

Durch das Blut wirkt das Eisen heilkräftig auch auf das Nervengewebe. Dieses bedarf ständig einer heilenden Harmonisierung. In ihm zerfällt die Eiweissubstanz, damit ein Durchströmen mit Gedankenkräften und ätherischen Sinnestätigkeiten möglich wird. Das Blut hat in seinem Plasma diejenigen Kräfte, die dem Wachstum und dem Stoffwechsel in engerem Sinn dienen. Zusammen mit dem Eisen kann ein Ausgleich gegen den Zerfall in den Nerven geschaffen werden.

Das Eisen ist nach einer Angabe Rudolf Steiners[13] das einzige Metall, das innerhalb des menschlichen Organismus Neigung zur Kristallisation hat. Dadurch gibt es dem Ich des Menschen einen Angriffspunkt, sich mit der Substanzwelt im Organismus zu verbinden. Die unorganische Kräftewirkung wird in die Gestaltung der Ich-Organisation hineingezwungen. Das Ich wird ständig aktiviert und angeregt, sich mit den leiblichen Prozessen zu vereinen, das heisst: sich zu inkarnieren.

Das Eiweiss, an das ja der Sulfurprozess gebunden ist, wirkt vitalisierend, in Polarität zur Bewusstseinsentfaltung. Es dehnt sich seiner Natur nach in quellender Weise aus, wird aber dabei ständig durch die Strahlkraft des Eisens begrenzt.

Das geschieht nicht nur im Blut, sondern in jeder Körperzelle. Stets finden wir Eiweiss an Eisen gebunden. Eine Art von Eiweiss-Eisen-Gerüst durchzieht den ganzen Organismus und wirkt regulierend zwischen dumpfen Lebenskräften und bewusstseinserhaltenden Mineralisierungsprozessen.

Noch eine Aufgabe des Eisens im menschlichen Organismus ist zu erwähnen: Durch das Eisen wird die Grundlage für das vom Ich geleitete, freie Wollen gegeben. Jeder menschlichen, einem freien Entschluss folgenden Gliedmassenbewegung geht eine Blutbewegung, damit eine Eisenbewegung in das entsprechende Organ voran[14]. Durch das Eisen im Blut wirkt das menschliche Ich; es folgt damit nicht allein einer natürlichen Ordnung, sondern einem geistigen Impuls.

Wie verhält es sich nun aber mit der Bedeutung der Ernährung für den menschlichen Eisenhaushalt? Wenn das Bluteisen durch die Sinne einströmt – wozu dann noch Ernährung auf dem Wege der Verdauung? Es liegt hier der typische Sachverhalt der «kosmischen Ernährung»[15] vor: Immer muss von der Stoffwechselseite ein entsprechender Stoff zugeführt werden, damit sich die Substanzbildung aus dem kosmischen Umkreis ereignen kann.

Die Anregung der Substanzverdichtung durch den Sinnespol erfolgt im Bereich der Bildekräfte. Es muss also das Nahrungseisen auf die Stufe des Lebendigen gehoben werden. Das ist vom Organismus zu leisten, wenn das Eisen im organischen Verband aufgenommen wird. Die ätherische Dynamik prägt sich nicht nur in einer einzigen Substanzbildung aus, sondern in einer Komposition von Stoffen. Gerade diese Komposition ist für die Wirksamkeit der spezifischen Substanzen im Organismus entscheidend. So ist auch nicht nur die Gewichtsmenge des Eisens in einer Nahrung zu werten, sondern das ganze Spektrum von anderen Substanzen.

Wo finden wir in der Pflanze das Eisen? In der Region des grünen Blattfarbstoffes und des Samens. Im Blattgrün ist das Eisen zwar nicht in das Zentrum der chemischen Struktur eingebaut wie im roten Blutfarbstoff des Menschen – in der Pflanze finden wir an seiner Stelle das Magnesium – es wirkt indessen bei den Assimilations- und Atmungsvorgängen mit.

Im Samen löst sich die Eiweissstruktur völlig auf, damit sich der kosmische Umkreis neu einprägen kann. Rudolf Steiner bezeichnet den Zustand als «Chaos» im Sameneiweiss. Dabei würde dieses ins Nichts verschwinden, wenn nicht der Eisenprozess eingriffe und eine neue Strukturbildung im physischen Bereich ermöglichte.

Für die Ernährung mit Eisen sind demnach die grünen Pflanzenteile sowie die Samen und Früchte von Wert. Eine rechte Eisenpflanze ist die Brennessel. Sie kann nicht nur im Frühjahr mit ihren jugen Trieben, sondern auch im Sommer gekocht und sorgsam zubereitet, die Mahlzeiten wertvoll bereichern.

Die Grundlage für unsere Eisenzufuhr in der Nahrung verschafft uns indessen das volle Korn. Darauf wurde bereits zu Beginn unserer Betrachtungen über das Eisen hingewiesen.

3. **Das Fett**

Das Fett kommt im menschlichen Organ als Depotfett und Organfett vor. Ersteres ist, wie der Name schon sagt, an verschiedenen Stellen des Organismus deponiert. Es dient dort keineswegs nur als Reserve für schlechte Zeiten, sondern vor allem der Aufgabe, die Organe vor Stoss und Erschütterung zu schützen, eine Wärmehülle zu bilden und die Schönheit des Leibes nach kosmischem Vorbild zu runden. Das Ideal, in welchem Masse dieses zu geschehen hat, wandelte sich im Laufe der Zeiten.

Doch soll uns in diesem Zusammenhang weniger die Schönheit, welche das Depotfett verleiht, beschäftigen – obwohl die Reduktionskost sehr gefragt ist –, vielmehr wollen wir uns dem Zellfett zuwenden.

Das Zellfett hat einen niedrigen Schmelzpunkt und ist daher flüssig. Es lagert sich allerdings nicht in Tröpfchenform ab, sondern verwandelt sich ständig in Wärme durch eine Art Verbrennung. Damit wird die vornehmste Aufgabe des Zellfettes deutlich: die Bildung von Wärme[8].

In der Wärme lebt die Ich-Organisation des Menschen und verwirklicht sich mit ihrer Hilfe im Leib. Kann nicht alle Wärme von der Ich-Organisation aufgenommen und in den von ihr durchdrungenen und gestalteten Wärmeorganismus eingegliedert werden, bilden sich sogenannte parasitäre Wärmeherde, die zu Entzündlichkeit führen. Darum ist bei Neigung zu Entzündungen wie Furunkulose der Fettkonsum zu reduzieren.

Wird dagegen zu wenig Wärme gebildet, verhärtet und versteift der Organismus. Es kommt zu den verschiedenen Formen von Zivilsationskrankheiten wie Sklerose, Rheuma und Gicht. Auch die Karzinomzellen sind Kälteherde, sind nicht in den Wärmeorganismus integriert und fallen aus dem Ordnungsbereich der Ich-Organisation heraus. Dadurch entwickeln sie ein selbständiges anarchistisches, chaotisches Wachstum.

Da die Wärmeprozesse den ganzen Organismus durchwirken, ist der Fettstoffwechsel in allen Zellen veranlagt. In spezifischer Weise finden wir ihn in den Nervenzellen, in der Lunge, dem Gefässystem und in der Leber.

Es ist eine alte Erfahrung: die Nerven bedürfen einer gewissen Fettzufuhr. Gar leicht kann es sonst zu Nervosität und Unruhe kommen.

Auch die Lunge ist am Fettstoffwechsel beteiligt. Die Lungenschwindsucht geht häufig mit starker Abmagerung einher. Die Gefässwände tragen in sich die Tendenz zu Verfestigung mit Kalkeinlagerung. Eine Vorstufe dazu ist oft die Einlagerung von Fett, Ausdruck des gestörten Fettstoffwechsels; das abgelagerte Fett dient nicht mehr der Wärmebildung, und so entstehen an dieser Stelle Verhärtungen.

Das am meisten beanspruchte Organ des Stoffwechsels ist die Leber. Da sie intensiv an den Wärmeprozessen teilnimmt, finden sich in ihr lebhafte Fettumsetzungen. Bei Störungen kann ein sehr ernstes Krankheitsbild auftreten: die Fettleber.

Die Fettprozesse im Menschen bedürfen einer spezifischen Anregung durch Fett in der Nahrung. Welche Arten von Speisefett können wir unterscheiden? Differenzieren wir zunächst einmal nach dem Schmelzpunkt. Dabei wird uns ein qualitativer Unterschied deutlich: je höher der Schmelzpunkt, desto fester das Fett, und desto träger verhält es sich im Stoffwechsel.

Fette bestehen aus Glyzerin und Fettsäuren. Letztere sind entscheidend für das Wesen der Fette. Ob ein Fett fest oder flüssig ist, wird von den Fettsäuren bestimmt. Die festen Fette enthalten sogenannte langkettige Fettsäuren, das heisst, bei diesen sind viele Kohlenstoffatome in langer Kette aneinandergereiht.

Ein weiteres Unterscheidungsmerkmal ist allgemein bekannt. Jeder hat wohl schon etwas von gesättigten und ungesättigten Fettsäuren gehört. Vom Sättigungsgrad hängt es ab, ob eine Fettsäure zündend in den Stoffwechsel eingreift und Wärme erzeugt. Hier kann uns die chemische Formel ins Bild setzen: Bei einer gesättigten Fettsäure sind alle Kohlenstoffatome mit Wasserstoff (H) abgesättigt umgeben:

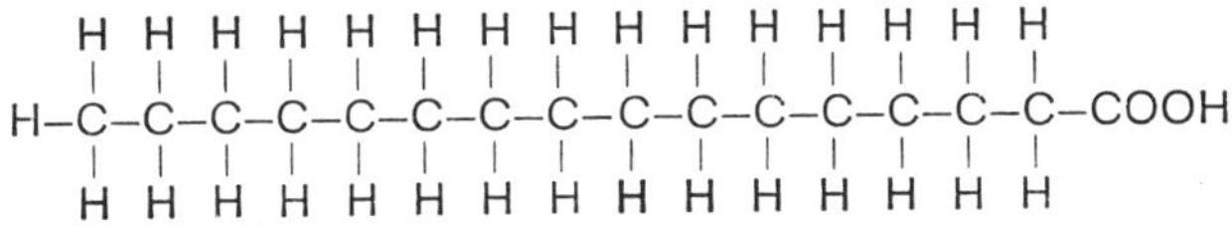

Palmitinsäure, gesättigt ($C_{16}H_{32}O_2$)

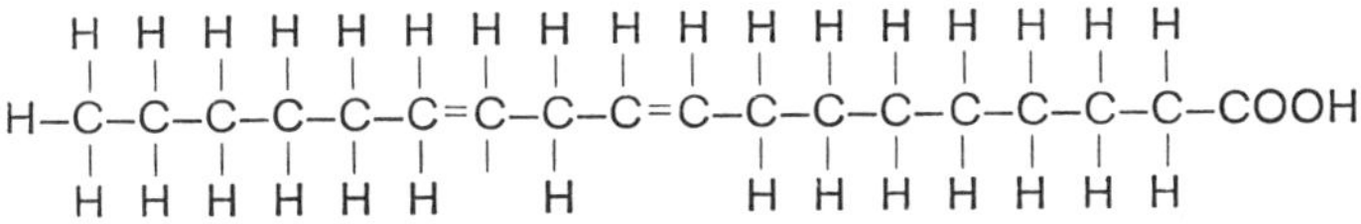

Linolsäure, zweifach ungesättigt ($C_{18}H_{32}O_2$)

Bei der ungesättigten dagegen sind nicht alle Kohlenstoffatome mit Wasserstoff abgesättigt, also Arme frei, und daher ist diese immer auf dem Sprung, eine Verbindung mit anderen Elementen wie dem Sauerstoff einzugehen. Je nach der Zahl solcher freien Valenzen (Bindungen) sprechen wir von einfach oder mehrfach ungesättigten Fettsäuren.

Die folgende Aufstellung zeigt den Gehalt einzelner Pflanzenfette an gesättigten und ungesättigten Fettsäuren:

	gesättigt	ungesättigt
Distelöl (Seflor)	8–10%	84–92%
Leinöl	9–10%	63–91%
Sonnenblumenöl	9–10%	85–90%
Rapsöl	4–15%	65–96%
Maiskeimöl	10–27%	61–90%

Sesamöl	12–15%	75–88%
Olivenöl	9–20%	69–91%
Palmöl	37–54%	44–63%
Kokosfett	87–92%	7–10%

Die Samenöle sind am stärksten stoffwechselaktiv. Sie haben viel Wärme und Licht in sich aufgenommen und sind daher geeignet, den Zivilisationskrankheiten mit ihrer Erstarrung entgegenzuwirken. Wir bevorzugen sie auch deshalb, weil sie in unseren Breiten wachsen und uns frisch zur Verfügung stehen. Das Palm-, Kokos- und Erdnussfett, für uns viel zu träge und hart, ist in den tropischen Ländern beheimatet.

Entscheidend für die Qualität der Öle sind der Anbau der Ölsaat, die Form der Pressung und Weiterverarbeitung sowie die Aufbewahrung und Frische. Wir werden also bestrebt sein, ein Öl zu beziehen, das in einer guten Ölmühle gewonnen wurde. Besonderen Wert legen wir darauf, dass das Öl aus erster, kalter Pressung stammt und nicht chemisch extrahiert wurde. Denn durch Anwendung von Hitze und Chemie erhält man zwar eine höhere Ausbeute an Öl, muss aber dafür eine erhebliche Wertminderung in Kauf nehmen. Das Öl sollte möglichst frisch verbraucht werden. Wir bewahren es dunkel, das heisst im Kanister oder in einer dunklen Flasche unter Luftabschluss und kühl auf.

Je reicher ein Öl an ungesättigten Fettsäuren ist wie das Leinöl, desto mehr sollten wir uns hüten, es zu erhitzen. Zum Braten nehmen wir lieber Olivenöl oder Butter. Wollen wir Gemüse in Öl andünsten, fügen wir zur Vermeidung höherer Temperaturen dem Öl ein wenig Wasser bei.

Ein Hinweis noch auf das Demeteröl: Es ist besonders wertvoll durch den Anbau. Aus Raps gewonnen, hat es ein breites Spektrum von Fettsäuren und ist vielseitig in der Küche zu verwenden. Früher wurde das Rapsöl wegen seines Gehaltes an Erucasäure nicht zu den guten Ölen gezählt, denn diese Säure ist bitter und schlecht verdaulich. In letzter Zeit aber ist die Züchtung von Rapspflanzen gelungen, die frei von Erucasäure sind. Sie werden biologisch-dynamisch angebaut und zur Ölgewinnung verwendet.

Der menschliche Fettstoffwechsel basiert nicht nur auf den ungesättigten Fettsäuren. Er bedarf auch der Zufuhr von Fetten mit gesättigten Fettsäuren. Eine ideale Komposition beider Arten ist in der Butter gegeben. Daher bevorzugen wir diese als Streichfett, möglichst aber in

Demeterqualität. Was vom «Butterberg» stammt, ist nicht so sehr hochwertig. Viele der Pflanzenschutzmittel, die man heute auf die Wiese streut und deren Reste von den Kühen verzehrt werden, sind fettlöslich und erscheinen im Milchfett. Es lohnt sich also schon, den Mehrpreis für Demeterqualität auszugeben.

Doch ist Zurückhaltung mit der Fettmenge geboten. Der Konsum an Fett ist heutzutage in der Wohlstandsgesellschaft viel zu hoch. Und übersehen wir nicht: Fett wird auch aus Zucker und Weissmehl gebildet. Daher finden wir Fettleibigkeit und Störungen im Fettstoffwechsel mit Arteriosklerose auch bei denen, die den Versuchungen gegenüber diesen Nahrungsmitteln nicht widerstehen können.

4. **Der Zucker**

Schlüsselfunktionen im Stoffwechsel

Im menschlichen Organismus dient der Zucker mannigfaltigen Funktionen. Der Stoffwechsel im Gehirn ist auf den Zuckerumsatz gegründet, dessen regelrechter Ablauf für die Bewusstseinsentfaltung notwendig ist. Die Leber bildet ihre Substanz aus Zucker, und auch die Muskulatur, besonders die des Herzens, braucht ihn zu ihrer Tätigkeit.

Derjenige Zucker, welcher nicht bei den verschiedenen Funktionsabläufen gebraucht wird, dient der Bildung von Glykogen, einer stärkeähnlichen Substanz, auch menschliche oder tierische Stärke genannt. Diese wird in Leber oder Muskelzellen angereichert und, wenn nötig, wieder in Zucker übergeführt. Sind die Depots gefüllt, wird der Zucker in Fett verwandelt.

Der Organismus bildet seinen Zucker auch aus Fett, ja zur Not sogar aus Eiweiss. Man sieht daraus, wie lebenswichtig diese Substanz für den Organismus ist.

Der Blutzucker

Die Zuckermenge im Blut wird beim Gesunden stets konstant gehalten. Ein Absinken – wie es beim Diabetiker durch Überdosierung von Insulin auftritt – löst schockartig lebensbedrohliche Zustände mit Bewusstlosigkeit aus. Um das zu verhindern, sind komplizierte Regulationssysteme eingeschaltet, an denen sich verschiedene Drüsen mit innerer Sekretion beteiligen. Der Tendenz zur Erhöhung des Blutzuckerspiegels wird dagegen nur durch die Sekretion der Inselzellen des Pankreas begegnet. Sie ist für den Organismus nicht in gleicher Weise bedrohlich wie die Senkung.

Zucker und Ich-Wesen

Der Zucker dient aber nicht nur dem Leben. Wir erfahren von Rudolf Steiner ein bedeutsames geisteswissenschaftliches Forschungsergebnis: Der Zucker ist in den organischen Zusammenhängen Träger des menschlichen Ich. Rudolf Steiner spricht von einer «Ich-Organisation», die durch das Medium Zucker in den Leib hineinwirkt: «Wo Zucker ist, da ist Ich-Organisation; wo Zucker entsteht, da tritt die Ich-Organisation auf, um die untermenschliche (vegetative, animalische) Körperlichkeit zum Menschlichen hin zu orientieren.»[8]

Das Geistige braucht die Substanz, um sich im Irdischen zu verwirklichen. Durch feinste «Kristallisationen», die in den Wärmetönungen des Blutes sich lösen und wieder bilden, ist der Zucker geeignet, dem Ich als materieller Träger zu dienen. Denn nur an jener unermesslich ausgedehnten, sich unaufhörlich neu bildenden und vergehenden Grenze zwischen dem Stofflichen und Dynamischen, zwischen diesen verschiedenen Dimensionen, ist die Begegnung von Ich-Wesen und Substanz möglich.

Wir verstehen nun auch, dass eine Verminderung des Blutzuckers zu schweren Krankheitserscheinungen mit Bewusstlosigkeit führt. Das Ich kann sich dann nicht im Leibe halten, es findet nicht mehr den Einstieg zur Inkarnation.

In diesem Zusammenhang wird ein Phänomen bei der Resorption des Zuckers ins Blut verständlich: «Der Zucker wird an den Phosphor gekoppelt, er wird ‹phosphorisiert›.» Der Phosphor aber hat Verwandtschaft zum Ich. «Phosphorus» ist ein griechisches Wort und heisst «der Erleuchtende» oder «Lichtbringer». Phosphor bedeutet: «Ich trage, bringe Licht.» Das Ich des Menschen ist geistigen Ursprungs, ist in Lichtwelten beheimatet. Es tritt ins dunkle Erdensein als ein Lichtträger. Diese Tatsache, die das menschliche Gemüt leicht fassen kann, wurde von Rudolf Steiner bis zur naturwissenschaftlichen Aussage konkretisiert.

Zucker in der Nahrung

Als Nahrungszucker wird allgemein das weisse, isolierte Produkt verstanden. Kein Zweifel, dass auch Rudolf Steiner dieses meinte, als er den steigenden Zuckerkonsum auf die Bewusstseinsentwicklung des abendländischen Menschen zurückführte[16]. Den hohen Zuckerverbrauch fand Rudolf Steiner verständlich, aber er bejahte ihn nicht. Man achte auf den Zusammenhang dieser Angabe: Sie folgt auf die Charakterisierung des Kaffees mit der Mahnung, sich von seinem Genuss unabhängig zu machen. Das gilt auch für den Zucker.

Zu Rudolf Steiners Zeiten bestand die Problematik des heutigen Zuckerverbrauchs noch nicht. Damals wurden täglich pro Kopf der Bevölkerung 30 g verzehrt, heute sind es über 100 g (s. Tabelle S. 56). Diesen ungeheuer hohen Konsum wird kein vernünftiger Mensch für berechtigt halten: Die dadurch entstandenen gesundheitlichen Schäden sind nicht mehr zu übersehen. Was im Ansatz verständlich war, ist heute zur Karikatur geworden. Unsere Aufgabe ist es darum, Rudolf Steiner in seinem eigentlichen Anliegen zu begreifen. Dieses war, deutlich zu machen, dass das Ich des Menschen im Umgang mit dem Zucker Aktivität entfalten muss und sich dadurch in seine Erdenaufgaben besser hineinfindet. Dazu ist aber der isolierte Zucker als Nahrungsmittel nicht geeignet, sondern nur der Zucker im natürlichen Verband. Rudolf Steiner spricht das auch unmissverständlich in einem Vortrag aus[17]. Er geht dort sogar noch einen Schritt weiter und sagt, der Organismus gewinnt seine höchste Kraft, wenn er den Zucker aus der Stärke selbst bereitet.

Eine andere Eigenschaft des Zuckers ist der süsse Geschmack, der nach Angabe Rudolf Steiners die Ich-Organisation anregt, sich gewissermassen für den Leib stärker zu interessieren. Also brauchen wir doch Zucker zum Süssen? Gewiss nicht; das Süsse wird uns ja durch zahlreiche Früchte, durch Honig, Malzextrakt, Rübensirup usw. gespendet. Und je aufmerksamer wir zu schmecken verstehen, desto leerer erscheint uns der Geschmack des raffinierten Zuckers.

Zucker im natürlichen Verband

Der Zucker benötigt für seinen Umsatz im Menschen gewisse Begleitstoffe, die unter dem Namen Vitamin-B_1-Komplex, auch Nervenvitamin oder Aneurin genannt, zusammengefasst sind. Der Name wurde deshalb gewählt, weil das Fehlen dieser Substanz Störungen im Nervensystem hervorruft.

Durch den geringen Verzehr von Vollgetreide ist ein verbreiteter **Mangel an Vitamin B_1** zu beklagen, denn das Getreide ist dessen hauptsächlicher Träger. Diese bedrohliche Situation wird durch den Zuckergenuss weiter verschärft; durch ihn steigt der Bedarf an Vitamin B_1. Es lässt sich bei einer üblichen Ernährung, die noch genug Vitamin B_1 enthält, durch zusätzliche Zuckergaben eine Hypovitaminose (Vitaminmangelkrankheit) erzeugen. Wie ist das zu erklären? Der Zucker benötigt überall im Stoffwechsel diesen Begleitstoff und verbraucht ihn. Im natürlichen Verband ist die Zuckermenge nie so gross, dass bei einer normalen Kost der Bedarf an Vitamin B_1 nicht befriedigt werden kann. Durch den isolierten Zucker gerät das Verhältnis von Bedarf und Belieferung aus dem Gleichgewicht.

Diese Verschiebung hat heute gewaltige Ausmasse erreicht. Das können einige Zahlen verdeutlichen. Der Verbrauch von Getreideerzeugnissen als Vitamin-B_1-Träger ist erheblich im Rückgang:

	1900 = pro Kopf und Tag 250 g
	1960 = pro Kopf und Tag 97 g
	1970 = pro Kopf und Tag 62 g
	1974 = pro Kopf und Tag 59 g
Dafür steigt der Zuckerkonsum:	1900 = pro Kopf und Tag 28 g
	1960 = pro Kopf und Tag 82 g
	1970 = pro Kopf und Tag 95 g
	1974 = pro Kopf und Tag 102 g

In dieser Situation entsteht ein verhängnisvoller Teufelskreis: Der gestörte Zuckerstoffwechsel im Nervensystem mit der mangelhaften Ausnutzung des Zuckers erzeugt ein Verlangen nach Süssem. Der Mensch gibt dem nach durch Genuss von raffiniertem Zucker. Das ist ständig auch bei Kindern zu beobachten. Die Folge: Steigerung des

Vitamin-B_1-Mangels und wiederum wird dadurch die Sucht nach Süssigkeiten vermehrt.

Der Kreis kann nur unterbrochen werden durch Vitamin-B_1-haltige Nahrung, also Vollkorn und Vermeidung von Industriezucker. Dann verschwindet meist nach einiger Zeit der übertriebene Drang nach Süssigkeiten.

Eine sehr ernst zu nehmende Schädigung des Organismus durch übermässigen Genuss von raffiniertem Zucker ist die **Arteriosklerose** mit **Herzinfarkt.** Es stehen da zwei Theorien einander gegenüber: die sogenannte Fett-Theorie, deren Anhänger auf die Zufuhr von Fetten das Hauptgewicht legen, und die Zucker-Theorie, deren Verfechter den Industriezucker als Hauptschuldigen anklagen. Beide haben in gewisser Weise recht. Denn wir wiesen bereits darauf hin: Aus Zucker wird im Organismus Fett gebildet.

Wir wollen hier kurz auf die Entstehung von Arteriosklerose und Herzinfarkt durch reichliche Zufuhr von Fabrikzucker hinweisen: Professor Yudkin verglich eine Anzahl von Personen, die sich entweder mit wenig oder mit viel Zucker ernährten, und fand, dass ein Herzinfarkt als Ausdruck der Sklerose der Herzkranzgefässe bei den Menschen häufiger war, die viel Zucker zu sich nahmen.

Der Zusammenhang arteriosklerotischer Gefässschäden mit dem Zuckerstoffwechsel ist auch dadurch deutlich, dass 70% aller Zuckerkranken an arteriosklerotischen Komplikationen sterben und 90% aller Diabetiker, deren Erkrankung länger als 10 Jahre besteht, eine Arteriosklerose sämtlicher Gefässe aufweisen[18].

Zucker und Zahnverfall

Es ist nicht daran zu zweifeln, dass ein ursächlicher Zusammenhang zwischen einer Ernährung mit Industriezucker und Weissmehl und der Zahnkaries[19] besteht. Die weltweiten Untersuchungen des amerikanischen Zahnarztes Price sprechen eine deutliche Sprache. Ein Beispiel: Die Eskimos hatten völlig gesunde Zähne, bis sie eines Tages in den Genuss einer Kost mit Zucker und Weissmehl kamen. Da breitete sich die Karies in verheerender Weise aus.

Auf zwei Wegen findet die Schädigung statt: einerseits durch den lokalen Einfluss des Zuckers auf die Zähne, zum anderen durch die

Störung des intermediären Stoffwechsels infolge Mineral- und Vitaminmangels. Der erstgenannte Faktor entsteht durch Veränderung der Bakterienflora mit Übersäuerung des Speichels sowie durch klebrige Beläge von Resten der süssen Speisen an den Zähnen. In diesen bilden sich Gärungsprozesse und damit Säuren, die den «Schmelzpanzer» der Zähne angreifen. Über die Störung des Stoffwechsels im Innern des Organismus wurde bereits berichtet. In unserem Zusammenhang sind Einflüsse auf den Mineralhaushalt, insbesondere die Kalkresorption von Bedeutung.

Was ist zu tun?

Zunächst wohl dieses: den Geschmack der Süsse einer Frucht immer wieder bewusst zu erleben, um die Sensibilität dafür zu steigern. Dann wird man den raffinierten Zucker, wie schon gesagt, als leer empfinden und wohl zu unterscheiden wissen zwischen ihm und dem natürlichen Aroma, wie es etwa Honig bietet.

Wir können auch bedenken, wie durch das Geschmackserlebnis im Mund unser Ich bewusst engagiert wird, in die Stoffwechselprozesse einzugreifen, die unter der Schwelle des Bewusstseins verlaufen.

Des weiteren: Soll die Ich-Organisation mit Hilfe des Zuckers ihre Tätigkeit bis hinein in Nerven, Muskulatur, Leber und andere Organe entfalten, so dürfen wir uns den Zucker nicht in Form der isolierten Substanz zuführen, sondern als Bestandteil eines vollwertigen Naturproduktes. Das kann auch ein Kohlehydrat sein, aus dem sich dann der Organismus seinen Zucker selbst bereitet.

Der Zuckerstoffwechsel kann im Menschen nur mit den beschriebenen Begleitstoffen regelmässig ablaufen; und der Zucker kann nur weiter umgewandelt werden, wenn die Stoffe der Randschichten, insbesondere Vitamin B_1, mitwirken. So müssen wir dem vollen Korn in unserer Nahrung den ihm gebührenden Platz einräumen, damit Zuckerprozesse in rechter Dynamik vollzogen werden.

Was ist nun vertretbar zum Süssen der Speisen?

Honig
Frucht-Dicksäfte, speziell Birnen-Dicksaft
Feigen, Rosinen, Datteln

Ahorn-Sirup
Rüben-Sirup
Malzextrakt

Die Zähne allerdings werden angegriffen von jeder Zuckerkonzentration über 20%. Daher sind Trockenfrüchte einzuweichen und Konzentrate wie Honig aufzulösen. Oder man putzt sich gleich nach dem Essen die Zähne.

Nun tauchen noch weitere Fragen auf: **Was ist Fruchtzucker?** Die Bezeichnung sagt nur etwas aus über die chemische Struktur dieses Zuckers. Das weisse Pulver wird durch physikalisch-chemische Manipulationen (meist aus Topinambur) gewonnen. Es ist dem Industriezucker keineswegs überlegen. Im Gegenteil: Da der Fruchtzucker im menschlichen Organismus nur in geringerer Menge vorkommt, kann eine stossweise erfolgende Zufuhr des hochkonzentrierten Produktes Störungen im Stoffwechsel verursachen.

Was ist vom braunen Zucker zu halten?

Er unterscheidet sich nur wenig von seinem weissen Bruder. Sein Gehalt an Vitalstoffen ist gering. Daher ist es eine Illusion, zu meinen, wir könnten ihn mit gutem Gewissen als ein vollwertiges Naturprodukt ansehen. Der Name Rohzucker ist irreführend.

Und Rohrzucker?

Dieser wird aus dem Zuckerrohr gewonnen. Das Problem ist der Anbau. Wissen wir, wieviel Säcke Kunstdünger in den Sumpf gestreut wurden, in dem er wächst? Weitere Fragen: die Art der Raffinierung und die hygienischen Massnahmen beim Transport. Schliesslich ist das Endprodukt fast genau so leer und isoliert wie unser weisser Rübenzucker.

5. **Der Kiesel**

Der Kiesel ist ein weitverbreites Mineral: 27,2% der Erdrinde besteht aus seinen Verbindungen, den Silikaten. Seine reinste Ausprägung erleben wir im Bergkristall. Höchste Formkraft offenbart sich uns in der

Prägung der sechsflächigen Gestaltung; die Beziehung zum Licht zeigt sich in der völligen Klarheit und Durchsichtigkeit.

In den Formen der niederen Pflanzen- und Tierwelt kommt die Gestaltungskraft des Kiesels deutlich zum Ausdruck. Die unerschöpfliche Mannigfaltigkeit feinziselierter Gerüstbildungen und Schalen niederer Meerestiere wie der Radiolarien lässt eine hervorstechende Eigenschaft erkennen: Der Kiesel ist geformt und formbar zugleich.

Eine typische Kieselpflanze ist das Getreide. Der Halm erhält seine statische Kraft durch den Kiesel. Dieser schliesst auch die Pflanze für das Lichtwirken auf. In der biologisch-dynamischen Landwirtschaft werden die Pflanzen mit einem Kieselpräparat gespritzt, damit sie das Licht stärker aufnehmen.

Auch im Menschen wirkt der Kiesel durch seine Formkraft und Durchlässigkeit. Eines der kieselreichsten Organe ist das Bindegewebe, das den Organismus in feinsten Verästelungen als Gerüst durchzieht, die einzelnen Organe miteinander verbindet und umhüllt. Einen Abschluss nach aussen bildet die Haut. Sie umschliesst uns wie ein Kieselmantel, der nicht zu dicht oder zu locker gefügt sein darf. Sonst werden wir zu dickfellig oder zu «wundoffen» für die Umweltreize. Die Augen allerdings müssen ganz lichtdurchlässig sein, dem Bergkristall verwandt.

Das Bindegewebe wird durch den Kiesel aufs feinste differenziert und kann den Organgeweben formbildende Kräfte in vielfältiger Ausprägung vermitteln. Im embryonalen Gewebe ist es, ehe es sich zum Gerüst verfestigt, noch ganz in den Lebensstrom des Organismus eingebettet, mit dem wässrigen Element verbunden in einer gallertigen Struktur.

Weil der Kiesel neben seiner Formkraft so bildsam und offen für Ätherisches ist, lebt sich durch ihn ein Geistiges in die Leiblichkeit ein. Die menschliche Form – die ganze Gestalt, aber auch das einzelne Organ – ist Ausdruck nicht nur des allgemein Menschlichen, sondern auch der individuellen Persönlichkeit, des Ich-Wesens Mensch.

Wieder stehen wir vor der Frage: Wie kann die mineralische Substanz, wie kann der Kiesel das Ätherische aufnehmen? Wie ist es denkbar, dass ein Geistiges die feste Materie ergreift? Nur dadurch, dass sich die Substanz ständig in Bildeprozessen verwandelt, dass sie aus dem Leben ins Tote fällt und von dort entweder ausgeschieden oder zurück ins Leben gehoben wird. Dabei werden ständig Grenzen überschritten vom Geist zur Materie, von der Materie zum Geist. An den Grenzübergängen lebt das Ich-Wesen des Menschen mit und kann sich dort im physischen Leibe verwirklichen.

Das vermittelnde Element, durch das die Formung geschieht, ist das Licht, der Lichtäther. Er hat eine zergliedernde, differenzierende Kraft. Ihm ist der Quarz aufs engste verwandt. So kann Rudolf Steiner sagen: «Die Kieselsäure bildet die physische Grundlage der Ich-Organisation.»[8]

Der Kieselprozess dient nicht nur einer höheren Formkraft, er manifestiert sich auch in den Sinnesorganen. Damit gibt er dem Menschen die Möglichkeit, die Welt wahrzunehmen. Auch durch die Kieselprozesse der Haut wird eine Verbindung mit der Umwelt geschaffen.

Neben diesem nach aussen gerichteten Wahrnehmungsvermögen durchzieht ein feines Sinnesleben den ganzen Organismus. Ein Organ nimmt das andere wahr. Dadurch entsteht eine feine Wechselwirkung zwischen den Organen. Auch Organe wie Leber, Milz und Niere reagieren aufeinander, stehen miteinander in Verbindung. Nur sind diese Wahrnehmungen so fein, dass sie im gewöhnlichen Leben unter der Schwelle des Bewusstseins bleiben. «Alles das beruht auf einer richtigen Verteilung von Kieselsäurewirkungen.»[8]

Das menschliche Bewusstsein muss von der Tätigkeit der inneren Organe abgeschirmt sein. Der Mensch darf nicht wahrnehmen, wie sich sein Magen bewegt oder der Dünndarm seine Peristaltik entfaltet. Die Funktion des vegetativen Nervensystems ist eng mit diesen Vorgängen verknüpft. Das heute so weit verbreitete Krankheitsbild der vegetativen Dystonie, einer Fehlspannung des vegetativen Nervensystems, beruht mit auf einer Störung der Kieselsäurewirkungen.

Auch die Tätigkeit im Nervensystem, das dem Entfalten des Bewusstseins dient, stützt sich weitgehend auf Kieselprozesse. «Wenn man geistig schauen kann, was im Nerven-Sinnessystem des Menschen vorgeht, sieht man einen wunderbar feinen Prozess, der in der Kiesel-Substanz wirkt ... Die Kieselsäure ... zeigt die Eigentümlichkeit, ... aufgenommen zu werden von den Prozessen des Nerven-Sinnessystems.»[20]

Die mannigfache Wirksamkeit der Kieselsäure und ihre feine lebendige Verteilung macht es möglich, von einem speziellen Kieselsäure-Organismus zu sprechen, der in den Gesamtorganismus eingegliedert ist. Auf ihm beruht, wie wir sahen, die gegenseitige Empfindsamkeit der

Organe und deren richtiges Verhältnis nach innen zu der Entfaltung von Seele und Geist und nach aussen zum richtigen Abschluss der Naturwirkungen.

Störungen im Kieselorganismus sind weit verbreitet. Sie zeigen sich in Haltungsschwäche, Brüchigkeit der Nägel, Stumpfwerden der Haare, mangelhafter Reaktionsfähigkeit der Haut, Schwäche der Sinne und des Nervensystems, verschiedenartigsten Funktionsstörungen innerer Organe und, wie schon erwähnt, in dem allgemein bekannten und noch so wenig erforschten Krankheitsbild der vegetativen Dystonie. Auch die allergische Reaktionsweise gehört hierher. An allen diesen Erscheinungen sind gestörte Kieselprozesse beteiligt. Rudolf Steiner betont in dem Buch «Grundlegendes für eine Erweiterung der Heilkunst»[8], dass die überschüssige Kieselsäure, die nicht von der Ich-Organisation erfasst ist, ausgeschieden werden muss. Sie lagert sich sonst als Fremdkörper ab. Auch in dieser Form entfaltet sie noch ihre Neigung zur Gestaltung, durch die sie, richtig dosiert, sonst der Ich-Organisation dient. Jetzt aber kommt es zu Störungen in der Sinneswahrnehmung, zu Stimmungsschwankungen, Schwindel, Schläfrigkeit, Schwere in den Gliedern und Gelenkschmerzen. An den Stellen, wo die Fremdgestaltung der Kieselsäure zu stark eingreift, können Entzündungen auftreten. Bei all diesen Vorgängen spielt die Ernährung eine bedeutende Rolle. Eine Nahrungspflanze, in deren Lebensgefüge der Kiesel eingegliedert ist, aktiviert den Kieselorganismus und erleichtert es der Ich-Organisation, den Kiesel in ihre Zusammenhänge einzufügen.

Im Getreidekorn sind alle Substanzen in einer Dynamik gehalten, die sich in der ungeheuren Keimkraft des Kornes kundtut. Daher kann eine Getreideernährung nicht zu der beschriebenen Ablagerung von Kiesel im Organismus führen. Der menschliche Kieselorganismus wird durch Getreideverzehr in gesunder Weise aktiviert. Das zeigt sich darin, dass schon kurze Zeit nach dem Übergang zur Getreideernährung Hautunreinheiten verschwinden und sich brüchige Nägel festigen. Aber auch die vielen aufgezählten Krankheitssymptome bessern sich oftmals nach einer Diätetik auf Getreidebasis. Insbesondere haben sich Hirse und Gerste bei Störungen des Kieselhaushaltes bewährt.

Die stärkste Kieseldynamik vermittelt wohl der Honig. Es zeigt sich die Verwandtschaft zum Quarz im Sechseck der Bienenwaben. Nach Genuss von Honig breitet sich gleichsam ein Kieselgerüst im Menschen aus, das nun von der Ich-Organisation überwunden werden muss. Dadurch erfahren die Eigenkräfte eine starke Anregung. Aber der Honig sollte gleichsam als Heilmittel, in kleinen Mengen, aufgenommen werden. Man muss abtasten, inwieweit die Kraft der Überwindung vom Organismus geleistet werden kann. Vorsichtig verwendet, haben wir im Honig ein hervorragendes Mittel zur Kräftigung der Kieselprozesse, insbesondere zur Vorbeugung der Sklerose.

VII. Die dreigliedrige Pflanze und der dreigliedrige Mensch

Die analytische Betrachtungsweise hat zwar eine Fülle von Einzeltatsachen gebracht, den Sinn für ganzheitliche Zusammenhänge jedoch verdunkelt. Darum fehlt auch der heutigen Naturwissenschaft der Blick für das eigentliche Agens des Lebens. Wir werden indessen Naturvorgänge niemals verstehen, wenn wir sie nicht als Lebensprozesse begreifen. Das gilt auch für die Ernährung; denn wir nähren uns von lebendigen Produkten und sind als Menschen lebende Wesen. Goethe erfasste die Pflanze dreigegliedert in Wurzel, Blatt-Stengel und Blüte mit Frucht. Es fällt nicht schwer, drei entsprechende Form- und Funktionszusammenhänge im Menschen zu entdecken. Dabei unterscheiden wir: den Kopfbereich mit Nerven-Sinnes-System, den rhythmischen Teil mit Atmung und Kreislauf sowie den Stoffwechsel-Gliedmassenmenschen.

Bestehen nun Beziehungen zwischen den einzelnen Gliedern der Pflanze und denen des Menschen? Wenn das der Fall ist: Können wir auf diesen Zusammenhang rationelle Ernährungsprinzipien aufbauen und zum Beispiel fragen: Auf welchen Organbereich im Menschen wirke ich durch Wurzelnahrung? Wir wollen uns dieser Frage in den folgenden Betrachtungen zuwenden.

Mit ihren drei Gliedern stellt sich die Pflanze ganz unterschiedlich zur Umwelt. In der Blüte mit Frucht- und Samenbildung ist sie völlig den Licht- und Wärmekräften des kosmischen Umkreises hingegeben; mit der Wurzel senkt sie sich in das dunkle und feuchte Erdreich; mit Blatt und Stengel lebt sie in rhythmischer Ordnung zwischen beiden Bereichen[21].

1. **Blatt – Herz und Lunge**

Blicken wir zunächst auf das mittlere, rhythmische System bei der Pflanze und dem Menschen und versuchen wir, die Entsprechung zwischen beiden zu finden. Im grünen Blatt atmet die Pflanze und bildet assimilierend das Kohlehydrat mit Hilfe des Chlorophylls, dabei den Sonnenrhythmen folgend. In den Blattadern fliesst der Säftestrom, der von der Verdunstung des Wassers an der Blattoberfläche reguliert wird. Das Blattwerk ist um den Stengel herum in rhythmischer Folge angeordnet und gegliedert. Auch die vielfältige Form der Blätter drückt rhythmische Bewegung aus.

Der Mensch betätigt seine rhythmische Organisation in Atmung und Kreislauf. Beide sind in der Brustregion lokalisiert. Hier wird Sauerstoff eingeatmet und Kohlensäure abgegeben. Die Pflanze hingegen verdichtet bei der Atmung ihre Leiblichkeit aus dem Kohlenstoff der Luft und gibt dafür den Sauerstoff ab. Die Farbstoffe von Blatt und Blut, Chlorophyll und Hämoglobin, sind chemisch sehr ähnlich aufgebaut. Beide gruppieren um das «Atmungsmetall» vier «Pyrolkerne». Nur ist das Metall bei der Pflanze das Magnesium und beim Menschen das Eisen.

Die Einsicht in diese Entsprechungen der pflanzlichen und menschlichen Organisation kann uns als Grundlage für die diätetische Paxis dienen.

Wir wählen zur Stärkung des Herzens und der Lungen die Pflanzenteile des Blatt- und Stengelbereiches, also Blattsalate und Kohlsorten. Die Pharmazie kennt die gleiche Beziehung: Das bedeutende Herzmittel Digitalis wird als Blatt verwendet: «Folia» Digitalis.

2. **Wurzel – Nerven und Sinne**

Ähnliche Analogien können wir zwischen der Pflanzenwurzel und dem Nerven-Sinnessystem des Menschen entdecken. Die Wurzel folgt den Kräften der Erdenschwere. Sie hat in den Wurzelzellen feinste Sinnesorgane ausgebildet, die Statolithen. Auch für das Wasser und den Salzgehalt des Bodens ist die Pflanze sensibel gestimmt. Sie nimmt die Bodenbeschaffenheit wahr und wächst den ihr zusagenden Strukturen entgegen. Dabei wählt sie bestimmte Substanzen aus und baut sich, ihrer Eigenart entsprechend, ein ganz spezifisches Mineralgerüst auf. Sie wird von der Wurzel her mit Salzprozessen durchdrungen und damit erdenfest.

Auch der Mensch lebt durch die Sinnesorgane in der Region des

Hauptes in ständigem Kontakt mit der physischen Umgebung. Wie die ganze Pflanze von der Wurzel aus mit Mineralisierungsprozessen durchdrungen wird, so gehen vom menschlichen Haupt entsprechende Tendenzen aus; denn das Haupt ist der mineralisierteste und härteste Teil des Körpers. – Doch müssen wir auch hier auf die Gegensätzlichkeiten innerhalb dieser Analogien achten. Die Pflanze gliedert sich in die Schwerekräfte ein, der Mensch hebt sich aus ihnen heraus, er trägt sein Haupt frei nach oben und sein Gehirn schwimmt frei in einer Flüssigkeit. Dadurch ist der Mensch in der Lage, die Welt in Freiheit geistig zu begreifen. Aber er muss dafür im Haupt auf eine Durchdringung mit Vitalität verzichten; während die Wurzel das vitalste Organ der Pflanze ist, bauen die Sinnes- und Denkvorgänge im menschlichen Haupt das Leben ab. Und während in der Pflanzenwurzel das Mineral ins Leben gehoben und eingegliedert wird, fällt bei der Gedankenbildung im Gehirn Mineralisches aus dem Lebensgefüge heraus, indem organische Substanz abgebaut wird. Die polaren Entsprechungen weisen uns wiederum auf ein diätetisches Gesetz hin: Mit Pflanzenwurzeln ernähren wir vorwiegend die menschlichen Nerven- und Sinnesorgane.

3. **Blüte und Frucht – Fortpflanzung und Stoffwechsel**

In Blüte, Frucht und Samen erleben wir andere Bildeprinzipien der Pflanze. Die grüne Farbe des Blattes wird hier zur Vielfarbigkeit gesteigert; aber damit ist die Fähigkeit der Assimilation aufgegeben. Und während sich das grüne Blattwerk spiralig um den Stengel in rhythmischer Folge gruppiert, sind die farbigen Blütenblätter zu vielgestaltigen Gebilden aneinandergefügt. Hierbei wird ein Innenraum gebildet, der bei der Blüte noch fast leer bleibt und nur die zarten Reproduktionsorgane enthält. Bei der Frucht ist dann die sphärische Bildung von nährender Stofflichkeit erfüllt. Das alles gestaltet sich polar zum feuchtkühlen Wurzelbereich in der Wärme der Sonne.

Wenn wir nun auf den Menschen schauen, drängt sich uns die funktionelle Entsprechung von Blüte und Frucht mit den Fortpflanzungsorganen im Unterleib auf. Aber mehr noch: im menschlichen Stoffwechsel dominieren gegenüber dem Haupt die Wärmeprozesse, so auch in Blüte und Frucht. Und die Substanzbildung in der Frucht mit

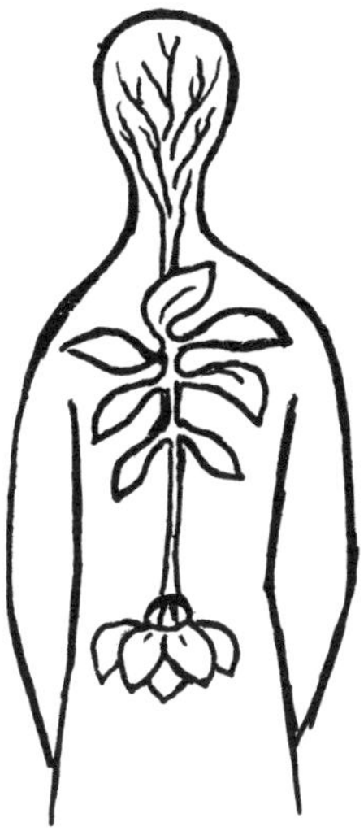

Die Wirksamkeiten
der pflanzlichen Bildekräfte
im Menschen

Verwandlung der Stärke in Zucker und der Einfügung von Aromastoffen erinnert uns ebenfalls an menschliche Stoffwechselprozesse. Jedoch besteht ein wesentlicher Unterschied: Der Mensch hat für seine differenzierte Stoffwechseltätigkeit eine innere Organwelt gebildet, die Pflanze wird gleichsam von aussen gelenkt.

Wiederum dürfen wir aus den beschriebenen Analogien einen Schluss für unsere Ernährungslehre ziehen und sagen: Blütenhaftes, Früchte und Samen wirken auf die Organe des menschlichen Stoffwechsels.

Das alles sind skizzenhafte Hinweise, die jedoch für die Ernährungspraxis bedeutungsvoll sein können. So lässt sich mit ihrer Hilfe eine Antwort finden auf die Frage: Wann ist eine Mahlzeit vollwertig? Wenn sie alle Teile der Pflanze enthält! Dann wird der ganze Organismus des Menschen von den Ernährungvorgängen erreicht.

VIII. Die Wirkung des Getreides auf den Menschen

Wenn wir im Sinne des vorigen Kapitels nach der Wirksamkeit des Getreides im Menschen fragen, so kann die Antwort lauten: Das Getreide wirkt in erster Linie auf den Stoffwechsel-Gliedmassen-Bereich. Es ist ja eine Körnerfrucht, und Früchte haben eine Beziehung zum unteren Menschen. Das ist richtig; aber Rudolf Steiner weist darauf hin, dass sich im Getreidekorn vorzugsweise Wurzelkräfte ausprägen, und diese erreichen zunächst das Nerven-Sinnes-System. Wir können die Aussage des Geistesforschers nachvollziehen, wenn wir bedenken, mit welcher ungeheuren Intensität das Getreide in der ersten Entwicklungsperiode das Wurzelwachstum entfaltet. Auch ist das Korn stark durchmineralisiert und daher den Prozessen im Haupt verwandt.

1. Der Nerven-Sinnes-Bereich

Es hat sich in vielfachen Beobachtungen bestätigt, dass die Körnerfrüchte die Sinnestätigkeit stärken und die Grundlage bilden für Konzentrationsfähigkeit und freie Entfaltung des Bewusstseins. Wie wirkt nun das Getreide im Gehirn und im Nervensystem? – Zunächst ganz allgemein gesagt: durch den in ihm veranlagten Salzprozess, der sich auf verschiedene Substanzen gründet, insbesondere den Kiesel. Dessen Dynamik spielt im Getreide eine hervorragende Rolle. Das prägt sich bis in die Substanzbildung aus. In Asche und Stroh des Getreides sind bis zu 70% Kieselsäure enthalten. Eine ganz andere Aufgabe hat im Gehirn der Phosphor, der sich ebenfalls in der Körnerfrucht reichlich findet. Phosphor ist wie Sulfur als Lichtträger geneigt, sich ganz den Imponderabilien hinzugeben und sich in Licht und Wärme aufzulösen. So leitet der Phosphor in jene geistige Dimension, in der das Ich in Gedanken webt. Um diese aber konkret im Irdischen zu erfassen und Vorstellungen zu bilden, ist als Organ das Gehirn nötig. Die Brücke von der physischen zur organischen Wirklichkeit baut der Phosphor. Mit seiner Hilfe kann der im Geistigen entzündete Gedanke in die Eiweisssubstanz des Gehirns «eingraviert» und, wie Rudolf Steiner es ausdrückt, «gespiegelt» werden. Dann erst leuchtet er als Vorstellung im Bewusstsein auf.

Der Phosphor geht bei diesen Abläufen bestimmte Verbindungen mit anderen Substanzen ein, insbesondere mit dem Eiweiss. Sie werden wie das Lezithin als «Nervennahrung» empfohlen. Aber wie schon öfter bemerkt: Das Wesentliche ist nicht der isolierte Stoff, sondern der natürliche Zusammenhang, in dem er auftritt. Dieser ist in idealer Weise im Getreide gegeben durch Verbindungen des Phosphors mit anderen Mineralien und dem Eiweiss.

Bedeutsam für die Nervenfunktion sind die Fette. Auch diese finden wir im Getreide, doch tun wir gut daran, nach dem Garen und Ausquellen der Körnerspeise noch ein hochwertiges Öl beizufügen.

Der Stoffwechsel im Gehirn stützt sich auf den Zucker im Zusammenhang mit dem sogenannten Vitamin-B_1-Komplex. Auch hierfür spendet uns das Getreide die Ernährungsgrundlage.

2. **Herz und Lungen**

Das Gehirn dient nicht nur der Sinnestätigkeit und der Gedankenbildung; es gehen von ihm Formkräfte aus, welche Gestalt und Struktur der inneren Organe bilden und erhalten. Um diese Funktion leisten zu können, ist eine Anregung durch die Getreideernährung notwendig. Liegt hier eine Unzulänglichkeit vor, werden die Lungen anfällig gegen Krankheiten. Rudolf Steiner weist darauf hin, dass sich die Lungentuberkulose in Europa erst ausbreiten konnte, als das Getreide durch die Kartoffel verdrängt worden war[22]. Andererseits betont er, dass Herz und Lungen durch nichts so gekräftigt werden können wie durch eine Nahrung mit dem vollen Korn. Und er führt diese Wirksamkeit darauf zurück, dass die vom Gehirn ausgehenden Formkräfte durch die Getreidekost gestärkt werden.

Wir können die Belebung der Brustorgane durch die Getreidenahrung noch von einer anderen Seite her erklären. Im vorigen Kapitel wurde die Nahrungsbeziehung zwischen dem grünen Blattbereich der Pflanze und den Brustorganen des Menschen erklärt. Im Getreidekorn finden wir die ganze dreigegliederte Pflanze vertreten: Was im Blatt unter dem Einfluss des Lichtes aus dem Kohlenstoff der Luft und dem Wasser des Bodens zum Kohlehydrat gebildet wird, erscheint als Mehlkörper im Korn. Dabei ist der natürliche Zusammenhang gewahrt; die Hauptmetalle des Blattgrüns, das Magnesium und das Eisen, sind in hoher Konzentration vertreten.

Rudolf Steiner hat schon im Jahre 1924 auf die Bedeutung des Magnesiums für den Bewegungsablauf in der Muskulatur hingewiesen. Erst in letzter Zeit ist dieser Tatbestand von der offiziellen Medizin erkannt worden. Holtmeier führte die starke Zunahme von Herzmuskelschäden, insbesondere auch des Herzinfarktes, auf einen Magnesiummangel in der Nahrung zurück[23]. Durch Vollgetreide kann sich der Mensch genügend Magnesium zuführen. Damit ergibt sich die Bedeutung dieses Nahrungsmittels für die Vorbeugung gegen eine unserer bedrohlichsten Krankheiten.

3. **Stoffwechsel-Gliedmassen-System**

Wenn wir das Getreide zuletzt in seinem Nährwert für das Stoffwechsel-Gliedmassen-System betrachten, so können wir an das zu Beginn dieses Kapitels Gesagte anknüpfen: das Getreide regt als Körner-«Frucht» Tätigkeiten im «unteren» Menschen an. Denn Verdauung heisst: Aktivierung von Eigenfunktionen im Organismus. Darin liegt der grosse Mangel der Zivilisationskost: es bleiben viele Funktionen brach liegen. Das wird zunehmend erkannt; die Kleie ist grosse Mode geworden! Ein merkwürdiger Vorgang: erst entfernt man die sogenannten Ballaststoffe, da man sie nicht kauen will, und dann setzt man sie wieder zu als Heilmittel bei Verdauungsbeschwerden.

Auch die Leber baut ihre Substanz, das Glykogen, ständig aus Kohlehydraten auf; ein Prozess, zu dem die Getreideernährung eine wertvolle Anregung gibt.

Der Bewegungsablauf in der Muskulatur stützt sich wie im Nerv auf den Kohlehydrat-Stoffwechsel. Für die Gewährleistung dieses Ablaufes ist auch das Vitamin B_1 notwendig. Die Beri-Beri-Kranken starben an Lähmungen. Im Getreide ist alles vorhanden, was bei der Gliedmassenbewegung gebraucht wird. Darum konnte Rudolf Steiner sagen: Durch nichts werden wir so kraftvoll wie durch vollwertiges Brot[17]. Ja, das Getreide ernährt den Menschen an Haupt und Gliedern. Es muss allerdings gelernt sein, zeitgemässe Getreidegerichte in schmackhafter und bekömmlicher Form zu bereiten[24].

IX. Ernährung und Erziehung

Eine zeitgemässe Pädagogik ist nicht nur bestrebt, dem Schüler Wissen zu vermitteln und ihn zu Leistungen anzuspornen, sie sieht ihre vornehmste Aufgabe in einer echten Bildung. Dabei trägt sie Sorge, dass sich Geist und Seele der ihr anvertrauten jungen Menschen in fruchtbarer Weise entwickeln. Aber auch die Bildung des Leibes ist ihr ein Anliegen; denn sie erfährt, dass freie Entfaltung des Seelisch-Geistigen nur möglich ist auf einer gesunden Grundlage des Leiblich-Physischen[25].

Auf den Leib wirken aber nicht nur äussere Massnahmen wie Turnunterricht; auch seelische Eindrücke und Anforderungen bilden den Leib mit. Besonders das kleine Kind gibt sich noch ganz dem Erleben der Umwelt hin, es ist völlig offen für die Wahrnehmungen durch die Sinne. Was sie aufnehmen, wirkt auf die Bildung der Organe. Spätere Krankheiten haben ihre Wurzeln oftmals in gewaltsamen Eindrücken, die sich in früher Kindheit eingeprägt haben.

Während der Schulzeit sind bestimmte Gesetze dafür massgebend, was jeweils in den einzelnen Altersstufen von den Kindern zu fordern ist. Die Waldorfpädagogik baut ihren Lehrplan nach diesen Grundsätzen auf. Wenn diese Ordnungen der kindlichen Entwicklung in vielen modernen Bildungsplänen missachtet werden, hört man die berechtigte Klage: Die Schule macht die Kinder krank.

Die Erziehungskunst ist mit verantwortlich für die Heranbildung des kindlichen Organismus. Dabei sind zwei wesentliche Faktoren beteiligt: die Kraft der Vererbung und die Individualität des Kindes selbst. Letztere trägt Impulse aus ihrer vorgeburtlichen Existenz in das Erdenleben hinein und arbeitet ständig zu ihrer Verwirklichung am Leib, der ihr aus dem Vererbungsstrom zur Verfügung gestellt worden ist.

In der Bildung des Organismus drückt sich die menschliche Individualität aus. Wir erleben die persönliche Eigenart eines Menschen in Haltung und Gang, in der Formung der Stirn, in den Gesichtszügen oder der Gestaltung der Hände. Auch die inneren Organe sind individuell geprägt. Das Ich des Menschen muss sich während des Erdenlebens dauernd durch den Leib verwirklichen, es muss sich inkarnieren, muss Wohnung im Leib nehmen, sich mit ihm vereinigen. Dabei plastiziert es dessen Form und Struktur. Beim kleinen Kind setzt das Ich den Umwelteinflüssen fast nichts Eigenes entgegen, so dass diese unmittelbar formend auf die Organe wirken. Später werden sie stärker vom Ich des heranwachsenden Menschen aufgenommen und verarbeitet.

Betrachten wir nun die Ernährung. Was tut sie dabei? Sie liefert die Substanz, aus der gewissermassen der «Bildhauer» sein Kunstwerk, die Organe, modelliert. Und wie der Bildhauer auf einen geeigneten Stoff angewiesen ist, mit dem er seine Werke formt, so ist auch die Qualität der Nahrung eine wesentliche Voraussetzung für die gesunde Organbildung im Menschen. Wiederum gilt hier: Die Nahrung ist kein toter Stoff, sondern in sich lebendig und tritt dadurch in ein regsames Wechselspiel mit allen bildsamen Kräften des Organismus.

Die Zusammensetzung und Qualität der Nahrung muss der Art der bildenden Kräfte entsprechen. Diese wandeln sich dem Alter des Kindes gemäss. Wie die Erziehung die jeweilige Stufe des kindlichen Werdens berücksichtigen muss, so muss es auch die Ernährung.

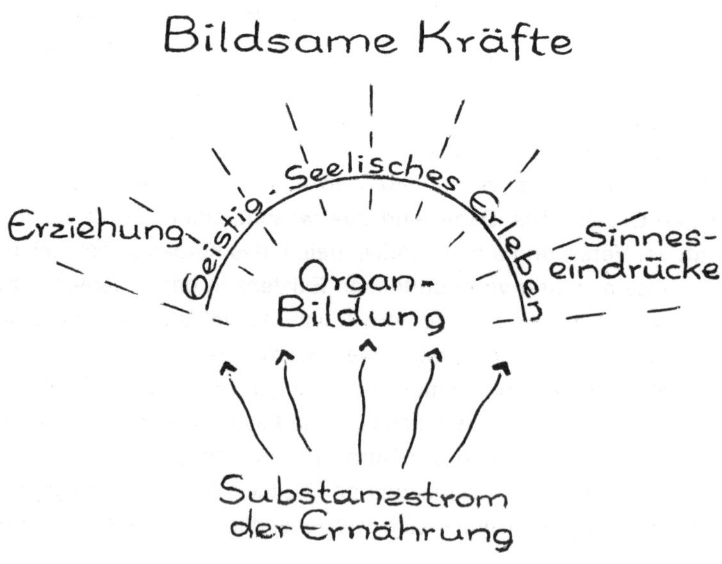

1. Das erste Jahrsiebent

Der neugeborene Säugling kann der Nahrung nur wenig eigene Kraft entgegensetzen. Für ihn ist das Gegebene die Muttermilch, deren Kräftewirken er fast unverändert in seinen Organismus einströmen lässt. Aber schon nach wenigen Monaten entfaltet er der Nahrung gegenüber eine Eigenregsamkeit. Denn nun werden ihm langsam in zunehmendem Masse Obst, Gemüse, Getreide und Kuhmilch zugeführt. Damit gewinnt die Nahrung für das Kind Fremdcharakter und muss restlos abgebaut werden. Erst dann wird die körpereigene Substanz neu geschaffen. Gilt da das Beispiel von dem Bildhauer auch? Gewiss, denn der Akt der Neuschöpfung richtet sich ganz nach der ätherischen Grundstruktur der Speise. Durch sie wird der Aufbau in spezifischer Weise angeregt.

Nun drohen zwei Möglichkeiten der Fehlernährung: Entweder ist die Anregung zum Neuaufbau zu schwach, dann haben wir den Tatbestand der Unterernährung; oder aber die fremdätherische Kraft ist zu massiv und prägt den Bildekräften des Kindes etwas von ihrem Eigenwesen auf. In diesem Fall werden die Organe zu robust, und die geistige Individualität des Kindes kann das körperliche Substrat nicht genügend durchdringen.

Die erste Abart ist in den Hungergebieten der Welt verbreitet. Die zweite bedroht die Kinder in den Wohlstandsgebieten der Industrieländer, geht also uns direkt an. Bei ihr handelt es sich nicht nur um eine einfache Überernährung. Die Kräfte des kindlichen Organismus werden auf der einen Seite überwältigt, zum anderen nicht in ihrem eigentlichen Bedürfnis gefördert. In diesem Sinne liegt eine Unterernährung vor bei allem Überfluss. Die Kinder hungern an vollen Tischen.

Bei welchen Speisen ist nun die fremdätherische Kraft zu massiv? Welche Art der Fehlernährung bewirkt eine zu kompakte Organstruktur, in der sich das Ich nur schwer manifestieren kann? Es ist die Überfütterung mit Eiweiss. In weitem Umfange wird in dieser Hinsicht heute gesündigt. Ohne Hemmungen wird den Müttern von Ärzten und einer geschickt werbenden Industrie empfohlen, dem Säugling schon nach wenigen Monaten Fleisch zu geben. Da bietet man Fertigmenüs in Gläsern an, zum Beispiel Hühnerbrust mit Spargel oder Rindfleisch mit Tomatensauce. Derartige Produkte werden auch gerne von Erwachsenen als Schonkost verspeist. Das liegt nahe; denn das Mittagsmahl des

Säuglings ist ganz nach dem Muster der Erwachsenenkost zusammengestellt und zubereitet. Die Kleinen gedeihen scheinbar prächtig dabei. Sie sehen robust aus, strotzen von Kraft und Tätigkeitsdrang und schauen aufgeweckt in die Welt. Das alles wirkt auf den Beobachter bestechend und spricht scheinbar für die frühe Fleischkost. Doch was geschieht in den Tiefen des kindlichen Organismus? Was verbirgt sich hinter dem robusten Äusseren? Es wird durch das massive animalische Fremdeiweiß eine Entwicklung eingeleitet mit Bildung einer Organstruktur, die nicht in vollem Masse von dem individuellen Ich-Wesen des Menschen erfasst und durchdrungen werden kann. Damit wird diesem die Möglichkeit genommen, sich das Instrument des Leibes so zu bilden, dass ihm eine Selbstverwirklichung gelingt. Es wird in seiner späteren schöpferischen Entfaltung gehemmt, es kann keine individuell geprägte Erdentüchtigkeit erlangen.

Der Organismus, der nicht vom Ich-Wesen durchwirkt ist, erhält eine Organstruktur mit unzureichender Reaktionsfähigkeit. Damit ist der Grund für die Sklerose gelegt. Rudolf Steiner warnte davor, durch zu hohen Eiweissverzehr in der frühen Kindheit die Sklerose zu veranlagen[16]. Auch das Eiweiss der Milch kann nach seiner Aussage diese Zeitkrankheit bedingen. Hier handelt es sich aber nicht um ein Mengenproblem, sondern um die Frage der Qualität. Dafür sind Haltung und Fütterung der Kühe entscheidend.

Für die Bildung einer organischen Substanz, die vom Ich in rechter Weise plastiziert und durchdrungen werden kann, ist die Qualität der Nahrung entscheidend. Es besteht ein bedeutsamer Unterschied zwischen einer Marktware, die mit treibendem Dünger auf Masse und Gewicht gezogen wurde, und einem Produkt, das unter der Pflege der biologisch-dynamischen Wirtschaftsweise entstand. Dabei ist das Hauptmerkmal die Dynamik des Lebendigen. Durch eine Nahrungspflanze, die in harmonischem Zusammenklang zwischen irdischen und kosmischen Kräften heranwuchs, können auch im Menschen entsprechende Regsamkeiten stimuliert werden. Diese führen zur Bildung einer Substanz, in der sich das menschliche Ich manifestieren kann.

Wie wir die Methoden der Erziehung auf die Entwicklungsstufen des Kindes einstimmen, so wählen wir auch die Ernährung. Jeweils sollen die Kräfte des Kindes nach den altersgemässen Möglichkeiten gefordert werden. Im ersten Jahrsiebent ist das Kind ganz dem Aufbau seines Organismus, insbesondere der Bildung von Gehirn und Nervensystem, hingegeben. Das gilt vor allem für das Säuglingsalter und das darauf folgende Jahr. Während dieser Zeit der subtilen Ausarbeitung benötigt das Kind Ruhe und Frieden. Das Schlafen überwiegt gegenüber dem Wachen. Wir hüten uns, das weise Walten der Natur zu stören. Darum ist die Nahrung in dieser Zeit einfach und ohne Reizwirkungen. Grundlage der Kost ist neben der Milch das Getreide. Dazu kommen Obst und Gemüse in leicht verdaulicher Form sowie hochwertige Fette – aber nicht zu reichlich.

In dem Masse, wie das Kind dann in den Sinnen erwacht, geben wir den Speisen eine stärkere geschmackliche Note, pikant oder süss – je nach Temperament. Doch werden wir jede Einseitigkeit vermeiden. Die geeigneten Getreide in dieser frühen Zeit sind Hafer, Hirse und Gerste. Im Kindergartenalter kommt der Weizen hinzu. Dann macht es auch Freude, die ganzen Körner zu kauen. Den kräftigen Roggen allerdings schroten wir lieber und geben ihn vorwiegend im Brot.

2. **Das zweite Jahrsiebent**

Was ist bei der Ernährung des Kindes im Schulalter zu beachten? In dieser Zeit müssen Gehirn und Nervensystem, die im ersten Jahrsiebent organisch herangebildet wurden, eine Ernährung bekommen, die sie funktionstüchtig erhält.

Dazu dienen verschiedene Substanzwirkungen: zunächst der Zuckerstoffwechsel. Dieser stützt sich auf eine Verbrennung oder besser gesagt «Veratmung» des Zuckers. Aus dieser Tatsache darf aber niemand den Schluss ziehen, nun müsse er einfach kräftig zuckern. Das wäre grundfalsch. Denn der isolierte Zucker kann im Nervensystem nicht restlos abgebaut werden ohne den Vitamin-B_1-Komplex, auch Aneurin oder Thiamin genannt. Dieser muss in Begleitung des Zuckers durch die Nahrung mitgeliefert werden. Fehlt er, sammeln sich Bernsteinsäure und Milchsäure als Schlacken an und stören den Stoffwechsel der Nerven. Die Folgen sind, wie im klinischen Versuch festgestellt wurde, Nervosität und mangelhafte Konzentrationsfähigkeit. In welchem Nahrungsmittel ist das Kohlehydrat vom Vitamin-B_1-Komplex begleitet? Womit können wir die heute weit verbreiteten Schäden verhüten? Mit dem vollen Korn. Daher tun wir gut, dem Kinde zum Frühstück ein schmackhaftes Gericht aus vollwertigem Getreide zu bereiten.

Eine ganz andere Funktion im Gehirn hat der Phosphor. Er ist zum Denken notwendig. Wie bilden sich die Gedanken? Sie sind geistiger Natur und werden vom Ich in einer rein geistigen Dimension begriffen. Das heisst: sie werden aus ätherischen Kräften, genauer gesagt, dem Lichtäther, gebildet. Um in der irdischen Welt vorgestellt werden zu können, müssen die Gedanken der Gehirnsubstanz eingeprägt und darin gleichsam gespiegelt werden. Die Eingravierung geschieht mit Hilfe des Phosphors. Er hat die Fähigkeit, sich in Licht und Wärme aufzulösen, zum anderen aber auch, sich substantiell im Gehirn zu verdichten. So kann er die Brücke bilden, auf der das Ich den Weg vom Lichtäther in die organische Substanz findet (siehe Kapitel VIII).

Die Ernährungsgrundlage für den Phosphorprozess vermittelt uns wiederum das Getreide, aber auch die Milch. Besonders reich an Phosphor ist die Haselnuss; sie enthält 350 mg %. Rudolf Steiner empfahl einer Mutter, die über mangelhafte Schulleistungen ihres Kindes klagte, diesem jeden Morgen eine Handvoll Haselnüsse mit zur Schule zu geben.

Bei der Gedankenbildung wirkt auch das Eisen in seiner Verbindung mit dem Nerveneiweiss bedeutsam mit.

Der Vorgang, auf den sich die Gedankenbildung stützt, ist seinem Wesen nach ein Salzprozess. Im Gehirn zerfällt das Eiweiss, und es bilden sich Harnsäure und Salze. Diese müssen ausgeschieden werden. Erst im Schlaf wird die organische Substanz wieder aufgebaut.

Den physiologischen Abläufen im Gehirn beim Denken sind Mineralisierungsprozesse in der Pflanzenwurzel verwandt. Daher kann durch Ernährung mit Wurzeln die physische Grundlage für die Gedankenbildung günstig beeinflusst werden; eine Hilfe für Kinder, die es mit ihrem Denken schwer haben und leicht in einen schläfrigen Zustand kommen[26]. Die Kartoffel ist keine echte Wurzel und wirkt nicht in dieser Weise.

Eine zeitgemässe Pädagogik vernachlässigt bei aller Pflege intellektueller Fähigkeiten nicht die Heranbildung eines gesunden Gefühlslebens der Kinder. Dazu dienen besonders die künstlerischen Aktivitäten in der Schulgemeinschaft. Wertvolle Gefühlserlebnisse führen zu gesunden Motivationen im Willensbereich.

Da Seelisches stets einer Grundlage im Leiblichen bedarf, fragen wir: Worauf stützt sich das Fühlen? Ganz sicher nicht auf Prozesse des

Gehirns. Der Mensch fühlt nicht mit dem Kopf. Womit? Jedermann weiss es: mit dem Herzen. Das ist nicht nur ein poetischer Vergleich, sondern eine menschenkundliche Tatsache.

Wie in der Kleinkinderzeit das Schwergewicht der Entwicklung auf dem Nerven-Sinnes-System liegt, so im zweiten Jahrsiebent auf der Heranbildung von Herz, Kreislauf und Atemsystem. Jetzt muss sich das rechte Verhältnis zwischen Herz- und Atemrhythmus einspielen. In dieser Zeit wird der Boden für die Entfaltung der Gefühlswelt geschaffen. Freilich kennt schon das Schulkind heitere oder freundliche Stimmungen; das freie Strömen der Gefühle indessen, das «Himmelhoch jauchzend, zu Tode betrübt» ist erst der dritten Lebensepoche vorbehalten. Dann sind die rhythmischen Organe ausgebildet.

Was können wir mit der Ernährung für eine gesunde Entwicklung dieses Bereiches tun? Es liegt nahe: wir leiten das Schulkind zur rhythmischen Nahrungsaufnahme an. Das heisst: die Mahlzeiten sollen zur gleichen, gewohnten Stunde eingenommen werden. Auch bei der Zusammensetzung des Speiseplans ist eine gewisse rhythmische Ordnung einzuhalten. Das Frühstück lässt sich im Laufe der Woche etwa so variieren: am Montag und Donnerstag Müsli, Dienstag und Freitag Schrotbrei, Mittwoch und Samstag Brot mit Butter, Quark, Honig oder Sirup, am Sonntag Grahambrötchen. Änderungen je nach Temperament. Auch der Rhythmus der Jahreszeiten ist im Speiseplan deutlich auszuprägen. In unserer Wohlstandsgesellschaft gibt es jedes Nahrungsmittel zu jeder Jahreszeit. Dadurch wird der Tatsache zu wenig Rechnung getragen, dass der menschliche Organismus im Rhythmus des Jahreskreislaufs mitschwingt und daher nach einer Speise verlangt, die der Jahreszeit entspricht.

Der Nahrungspflanze sind durch die Dynamik des Lebendigen rhythmische Prozesse einverwoben. Diese lösen wiederum im Menschen ähnliche Regsamkeiten aus. Je stärker der Rhythmus der Bildekräfte in der Pflanze, desto intensiver die anregende Wirkung auf die rhythmischen Funktionsordnungen im Menschen. Wieder sind wir in diesem Zusammenhang auf die Bedeutung der biologisch-dynamischen Bodenbewirtschaftung hingewiesen.

Eine andere Möglichkeit, Herz und Lungen durch die Nahrung zu stärken, ist uns im grünen Blatt der Pflanze gegeben. Wie wir bereits ausführten, entspricht dieses Organ dem Brustbereich des Menschen.

Wir werden also dafür sorgen, dass die Kinder reichlich grüne Salate und Gemüse erhalten.

3. Das dritte Jahrsiebent

In dieser Zeit bilden sich die Gliedmassen zu ihrer endgültigen Form. Nun erreicht das Längenwachstum seinen Abschluss. Da gilt es, durch pädagogische Massnahmen die freie Entfaltung der individuellen Persönlichkeit des jungen Menschen zu fördern. Im organischen Bereich verankert sich der Wille im Stoffwechsel. Nur durch den rechten Zusammenklang zwischen Leib und Seele können sich Schöpferkraft und Erdentüchtigkeit entwickeln. Wie bereiten wir hierfür durch die Ernährung den Boden? Unter welchen Bedingungen kann das wollende Ich in den Stoffwechsel eintauchen und die Bildeprozesse ergreifen? Das Ich-Wesen des Menschen ist geistiger Natur und urständet in den kosmischen Ordnungen der Welt. Diese sucht es auch dort, wo es die Verbindung mit dem Leibe zur Entfaltung des Willens anstrebt.

Die Vorgänge des Stoffwechsels verlaufen weit unter der Schwelle des Tagesbewusstseins. Auch in der Tiefenpsychologie ist bekannt, dass die Motivationen der Willensimpulse vom Bewusstsein nicht voll einsehbar sind und nicht allein von ihm dirigiert werden. Man gebraucht dabei gerne für die Gesamtheit der Individualität das Bild eines Eisbergs: Nur ein verhältnismässig kleiner Teil, dem wachen Bewusstsein des Menschen vergleichbar, ragt aus dem Meer heraus, während sich die grosse Masse unter der Oberfläche ausdehnt, für unsere Augen unsichtbar.

Was sich so in den Tiefen unseres Menschseins entfaltet, ist menschengemäss individuell bestimmt. Das gilt nicht nur für die seelischen Prozesse; kein Stoffwechselprozess verläuft ohne Beteiligung des Ich. Wie schon erwähnt: den Zugang findet das Ich durch die Wärme. In diesem Medium entfaltet sich der Wille.

Was findet das Ich des jungen Menschen aber im Stoffwechsel? Qualitäten der Nahrung und ihrer Bildekräfte. Von deren Dynamik hängt es ab, wie intensiv sich das Ich im Leibe verkörpert und geistgemässes Wollen entfaltet. Es sucht ja im Stofflichen die Ordnung des Lebendigen, des Geistigen. Tritt es ihm in degenerierten, naturfremden Speisen entgegen, verfällt es der Resignation. Antriebslosigkeit ist die Folge, oder eine Gier nach entarteten Reizen – bis hin zur Droge. Freilich, es gibt viele Ursachen für die seelischen Nöte der Jugendlichen. Dass diese so wenig Widerstandskräfte entwickeln, den zahlreichen Versuchungen zu widerstehen, ist aber auch ein Ernährungsproblem.

In der Zeit des Reifens, in der so viele bisher unbekannte Gefühle den jungen Menschen bedrängen, ist es gut, eine Kost zu wählen, die das emotionelle Leben nicht reizt, sondern befriedet. Wir meiden also scharfe Gewürze, Eier und Fleisch und geben dafür Früchten und Gemüsen, häufig als Rohkost bereitet, den Vorzug, auch Milchprodukten und Getreiden. Oft wird in dieser Lebensphase eine kräftige Kost gewünscht. Da ist der Roggen so recht am Platz.

Dieses Getreide bietet einen weiteren Vorteil. Es stützt den Aufbau der Leber; denn es hat den höchsten Gehalt an Kalium unter den Körnerfrüchten.

Damit berühren wir eine wesentliche Frage für das dritte Jahrsiebent: Welche Nahrungsmittel regen den Aufbau der Stoffwechsel- und Reproduktionsorgane an? Diese werden ja in der Reifezeit besonders ausgebildet.

Vergegenwärtigen wir uns zur Beantwortung dieser Frage wieder die Nahrungsbeziehung der dreigliedrigen Pflanze zum dreigegliederten Menschen. Es wurde gesagt: Auf den Stoffwechselorganismus mit den Reproduktionsorganen wirken Früchte und Samen. Zu diesen rechnen wir auch die Körnerfrüchte, aber nur als volles Korn mit dem Keimling.

Ein wertvoller Bestandteil der Samen sind die Öle. Sie spielen in der Ernährung des jungen Menschen eine hervorragende Rolle.

Zu einer Jahreszeit, in der keine frischen Früchte oder Beeren von guter Qualität auf dem Markt sind, ergänzen wir unseren Speisezettel mit Trockenfrüchten. Besonders hochwertig ist die Aprikose mit ihrer günstigen Wirkung auf Leber und Blutbereitung.

Wie steht es nun mit der Eiweissmenge? Benötigt der Jugendliche nicht viel Eiweiss? Ist sein Bedarf ohne Zugabe von Fleisch und Eiern zu decken? Bei einer Kost mit Getreide und Milchprodukten ist ein Eiweissmangel nicht zu befürchten. Und die Meinung, eine Zufuhr von Protein durch Fleischspeisen mache energisch, dynamisch oder spritzig, ist längst widerlegt. Freilich, die emotionelle Erregbarkeit steigt nach Fleischgenuss, aber eine effektive Leistungszunahme tritt nicht ein.

Die Ernährung mit Eiweiss ist ein Qualitätsproblem. So spricht Rudolf Steiner vom hohen Wert des Früchteeiweisses. Vielleicht schüttelt jetzt ein naturwissenschaftlich gebildeter Leser den Kopf. Findet er doch in den Früchten nur Spuren von Eiweiss. Dieses ist jedoch in seiner Eigenart prozessual so aktiv, dass es die Bildung im Menschen anzuregen vermag.

Wieder gilt für die Eiweisszufuhr, was schon am Anfang dieses Kapitels ausgesprochen wurde: Hüten wir uns davor, dass durch zu massive Gaben von Eiweiss Organsubstanzen entstehen, die so grob sind, dass sich das Ich durch sie nicht so verwirklichen kann, wie es seinem Wesen entspricht.

X. Ernährung des alten Menschen

Im Alter verlangt der welkende Leib des Menschen erhöhte Aufmerksamkeit und Pflege. Er stört die geistige Konzentration und Wachheit; die körperliche Schwäche lähmt auch den Willen. Und dennoch: Geist und Seele müssen sich nicht in das Vergehen hineinziehen lassen, sondern können sich über den Niedergang des Körpers erheben. In dem Masse, wie der Leib trocken und brüchig wird und seine Lebensfülle schwindet, vermag sich der Geist aus seinen organischen Bindungen zu befreien und von den begierdehaften und emotionellen Trübungen seines Wesens leichter zu lösen als je zuvor.

Eine unzureichende Ernährung kann diese geistige Freiheit des Alters hemmen, indem sie Geist und Seele zu stark an den Leib fesselt; oder, wenn der Leib unterernährt ist, wird dem seelisch-geistigen Wesen des alten Menschen die Grundlage entzogen für ein fruchtbares Erdenwirken in der letzten Lebenszeit.

Was ist nun zu bedenken bei einer Ernährung des alten Menschen, die den angedeuteten seelisch-geistigen Reifeprozess unterstützt?

1. Wärme

Zunächst das Wärmeproblem. Dem Organismus mangelt es an Wärme, darum droht er zu erstarren. Welche Nahrungsmittel sorgen für Durchwärmung? In erster Linie die Fette. Ein Zuviel an Fett kann allerdings gerade den Fettstoffwechsel blockieren. Damit sich keine unverarbeiteten Reste im Stoffwechsel anhäufen, gilt es wie stets, das rechte Mass einzuhalten. Vor allem aber auch die Qualität zu beachten! Wir wählen Fette, die aktiv in den Stoffwechsel eingreifen, also Öle aus Leinsaat, Distel und Sonnenblumen oder das Demeteröl.

Leicht verdaulich sind die Öle, wenn wir sie mit Quark mischen, indem wir das Öl in Magerquark mit dem Schneebesen einschlagen. Als Streichfett wählen wir Butter, wenn erhältlich von der oben erwähnten Qualität.

Zur Wärmung dienen auch Gewürze, besonders solche aus der Familie der **Lippenblütler** wie Majoran, Basilikum, Ysop, Thymian und andere. Unter den Getreiden hat besonders die Hirse eine wärmende Eigenschaft. Das Mittagsmahl leiten wir mit einer warmen Gemüsebrühe ein.

2. Das Eiweiss

Wie wir die Menge der Fettzufuhr bedenken, so auch das Mass an **Eiweiss.** Man glaubte früher, der alte Mensch hätte einen hohen Bedarf an Protein, doch übersah man die Gefahr, dass sich bei einem Überangebot giftige Stoffwechselprodukte bilden können, die eine Arteriosklerose provozieren. Durch zu hohe Eiweissgaben, insbesondere durch Fleisch, wird zudem das Bewusstsein dumpf, die Seele in unnötiger Weise an den Leib gefesselt und mit dem Triebleben verbunden.

Neben der Quantität ist mehr noch die Qualität von Bedeutung. Das ist vor allem eine Frage des Anbaus. Durch treibende chemische Dünger kommt es zur massiven Bildung von Eiweiss, das jedoch nicht genügend ausreift und dadurch für den Menschen von unzureichender Qualität ist. Rudolf Steiner wies bereits 1924 darauf hin, dass durch die Mineraldüngung die Feldfrüchte ein minderwertiges Eiweiss enthalten. Dadurch wurde ein Eiweissmangel verursacht, der sich in seiner ganzen Konsequenz erst in späteren Generationen auswirkt. Die schwächliche Konstitution vieler Kinder ist zum Teil auf diesen Mangel zurückzuführen.

Ein vollwertiges Eiweiss wirkt durch die Verbindung mit dem mineralischen Element, insbesondere dem Eisen, aktivierend auf den menschlichen Stoffwechsel. Wir finden es in idealer Komposition im Getreide. Das Getreideeiweiss wird ferner vorteilhaft durch Gemüseeiweiss ergänzt. Zur Anregung des Eiweissstoffwechsels eignen sich Zwiebeln in kleinen Mengen. Diese Nahrungspflanze regt zudem die Ausscheidungsprozesse an, ein sehr heilsamer Effekt für den alten Menschen.

3. Zubereitung und Qualität der Nahrung

Da die Verdauungssekretion im Alter nachlässt, sollten die Speisen anregend und leicht bekömmlich zubereitet werden, aber nicht wie bei der üblichen Schonkost mit Entwertung und Denaturierung der Nahrung. Vielmehr müssen die Kräfte des alten Menschen geübt werden, ohne dass man sie überfordert. Fein geschrotetes Getreide, gut gegart und aufgequollen, dient diesem Zweck, auch Obst ist verträglicher zu Kompott gedämpft. Mit allen rohen Speisen sind wir zurückhaltend, bis auf die tägliche Gabe von grünem Salat. Immer gilt es, dem Organismus das Mass an Verdauungskraft abzuverlangen, das er leisten kann.

Die Verdauungsprozesse werden durch interessiertes Schmecken, Kauen und gründliches Einspeicheln des Bissens im Munde eingeleitet. Da der Geschmackssinn, wie alle Sinne, im Alter abstumpft, widmen wir dem Würzen der Speisen liebevolle Aufmerksamkeit.

Die Formkräfte drohen nun zu erstarren. Sie haben als physische Grundlage feinste Kieselprozesse. Wir werden also, um hier Regsamkeiten anzufachen, kieselhaltige Nahrungsmittel geben wie Hirse, Gerste und vor allem Honig.

Im Alter müssen wir die Beweglichkeit so lange wie möglich erhalten und auch die Regsamkeit in der Verwandlung der Stoffe. Wir wählen daher eine Nahrung mit starker Aktivität der Lebensvorgänge, wie sie uns die biologisch-dynamische Anbaumethode liefert. Bewegung im Bereich des Lebendigen ist immer rhythmischer Art; denn sie ist von Sternenkräften impulsiert. Auch im Menschen herrscht Rhythmus, der in gleicher Art schwingt. Diese Schwingungen werden durch eine Nahrung impulsiert, deren Lebensgefüge von kosmischen Kräften in Harmonie mit dem Erdenwirken bestimmt ist. Rhythmisch im Tageslauf soll auch die Zeit der Nahrungsaufnahme erfolgen. Wir verteilen diese über den Tag auf 5–6 kleinere Mahlzeiten. Als Zwischenmahlzeiten eignen sich gut Sauermilchspeisen mit Fruchtsäften, bei Bedarf mit Honig gesüsst.

4. **Zucker**

Wie soll sich der alternde Mensch dem Zucker gegenüber verhalten? Bisweilen hat er ausgeprägte Gelüste, so auch eine Gier nach Zucker. Doch sollte er bedenken, dass der Zucker seinem Organismus nicht gut tut, da er den Stoffwechsel blockiert, die Ernährung des Nervensystems stört und damit Wachheit und Konzentrationsfähigkeit beeinträchtigt. Wenn der alte Mensch sich dieser Einsicht nicht verschliesst, sondern sie in sich bewegt, wird er sein Bedürfnis nach Süssem mit vollwertigen Produkten wie Fruchtsäften, Datteln, Feigen, Rosinen, Sirup, Malzextrakt oder Honig befriedigen. Bei allem Verlangen nach besonderen

Speisen sollte er sich indessen fragen: entspringt es einem echten Bedürfnis des Leibes? Oder will sich die Seele, weil sie irgendwie unbefriedigt ist, einen Genuss verschaffen mit Hilfe leiblicher Sinne und auf Kosten der Ordnung des Leibes? Dann zerstört sie ihre Substanz und verliert an Kraft bei ihrem Ringen um Reife.

5. **Abbau und Aufbau**

Der alte Mensch steht vor der hohen Aufgabe, heilsame Zukunft vorzubereiten. Was wir als Willenskräfte entwickeln, wirkt in die Zukunft hinein, auch über die Schwelle des Todes.

Dagegen liegt in der Natur des Denkens ein Abschluss. Denken ist etwas Gewordenes. Das zeigt sich auch in der physiologischen Grundlage der Gedankenbildung. Sie stützt sich auf Zerfallsprozesse im Nerveneiweiss. Das Denken ist seinem Wesen nach vergehend, ist Vergangenheit. Erst wenn wir uns beim Denken spiritueller Inhalte aus dem organischen Verhaftetsein lösen und den Willen mit einbeziehen, wird unser Denken lebendig. Im Gegensatz zum Denken zielt das Ich im Wollen auf die Zukunft. Der Wille ist seinem Wesen nach immer zukünftig orientiert. Durch die Art, wie das Ich sich dabei einsetzt, ob es sich an Begierden und Egoismen bindet oder sich in geistgemässe Ordnungen einfügt, bereitet es zukünftiges Schicksal vor.

Das gilt nicht nur für das bewusste Tun. Die Willensimpulse verwirklichen sich tief unter der Schwelle des wachen Tagesbewusstseins. Sie stützen sich auf Wärmeprozesse mit Auflösung von Substanz im Stoffwechselbereich. Hier begegnet das Wollen dem Lebensgefüge der Nahrung und erlebt dabei etwas. Dieses Erleben ist auch eine Art von Bewusstsein und hat seine Bedeutung für spätere Daseinsformen des Menschen. Darum wird der alte Mensch seine Speise so wählen, dass sich sein Ich bei diesem Akt der Verwandlung in heile kosmische Ordnungen einfügen kann. Das Kind wird durch die gesunde Lebenswelt der Nahrung aufgerufen, im Leibe Wohnung zu nehmen; der alte Mensch orientiert sich an ihr im Hinblick auf zukünftiges Dasein, in welchem er leibbefreit in geistigen Bereichen lebt.

XI. Ernährung und geistig-seelische Entwicklung

Wer sich um inneres Reifen bemüht, beobachtet aufmerksam sein Trieb- und Begierdenleben. Es ist ihm ein Bedürfnis, Herr zu werden über alles, was nicht seinem höheren Wesen entspringt. Dabei macht er die Erfahrung, dass die Ernährungsweise sein Fortschreiten entweder hemmt oder erleichtert.

1. Enthaltsamkeit durch Vorschriften – der asketische Weg früherer Zeiten

In diesem Sinne wurden in fast allen Religionssystemen Ernährungsvorschriften erlassen. Zarathustra empfahl seinen Schülern den Genuss von Getreide, damit in ihren Seelen Lichthaftes aufleuchten konnte. Rudolf Steiner drückte das mit folgenden Worten aus: «Zarathustra lehrt seine Schüler so: Ihr esset die Früchte des Feldes. Sie sind von der Sonne beschienen, aber in der Sonne lebt das hohe Geisteswesen. Von dem Kosmos, von aussen kommt die Kraft des hohen Geisteswesens mit den Strahlen in die Früchte des Feldes hinein. Ihr esset die Früchte des Feldes, dasjenige, was in euch den Stoff auslöst. Lasst euch erfüllt sein von den geistigen Kräften der Sonne; die Sonne geht in euch auf, indem ihr die Früchte des Feldes geniesst. Tut das in besonders feierlicher Stunde, nehmt euch in besonders feierlicher Stunde etwas, was bereitet ist aus den Früchten des Feldes. Meditiert ihr darüber, wie die Sonne darinnen ist, meditiert ihr, bis euch das Stückchen Brot strahlend wird, und geniesst ihr es, dann seid euch bewusst: aus dem weiten Weltenall ist der Geist der Sonne in euch eingezogen und in euch lebend geworden.»[27]

Platon gab Richtlinien für die Ernährung der Bürger seines idealen Staates. Er nannte als Grundnahrungsmittel Weizen und Gerste. In späterer Zeit wurde von diesen Vorschriften abgewichen, die Getreidenahrung trat in den Hintergrund, und ihre Zubereitung entartete. Die Kultur sowohl der Griechen als auch der Römer verfiel[28].

Die Essäer, eine Glaubensrichtung, zu der Jesus enge Beziehungen hatte, enthielten sich der Fleischnahrung und anderer Speisen, die das Emotionelle in ihrem Wesen reizten. Auch die Pythagoräer, deren Aufgabe in der Menschheitsgeschichte es war, im kristallklaren Denken mathematische Lehrsätze zu entwickeln, mieden diese Speisen. Im Mittelalter gab es zahlreiche Bruderschaften, die bemüht waren, ihre Seele von Begierden frei zu halten und ein reines Leben zu führen. Sie nahmen nur zu sich, was der Leib zu seiner Notdurft brauchte. Augustin schreibt in seinen «Bekenntnissen»: «Du hast mich gelehrt, Speise und Trank zu benutzen wie Heilmittel, die ich einnehme, aber während ich von der Beschwerde der Bedürftigkeit zur Ruhe in der Sättigung übergehe, lauert in diesem Übergange selbst die Begierlichkeit mit ihren Fallstricken mir auf ... Und während der Zweck des Essens und Trinkens die Erhaltung des Leibes ist, schliesst sich als Begleiter der gefährliche Genuss an ... und oftmals bleibt ungewiss, ob die notwendige Sorge für den Leib noch weitere Hilfe verlangt, oder die Begierlichkeit uns täuscht, und der Genuss bedient sein will.»

2. **Enthaltsamkeit durch Erkenntnis – der Weg des modernen Menschen**

Zu der gleichen Frage äussert sich Rudolf Steiner in seinem grundlegenden Werk «Die Geheimwissenschaft im Umriss»[29]. Er wendet sich gegen eine heute nicht mehr angebrachte Askese und räumt ein, dass der Leib des Menschen Erhaltung durch die Nahrung notwendig hat. Das Verlangen nach einer sättigenden Speise und ihrem Genuss liegt im Sinn der geistigen Weltordnung. In diese fügt sich der Mensch ein, wenn er seinem Leib durch die Nahrungsaufnahme dient. Denn ohne seine physische Organisation kann er seinen irdischen Auftrag nicht erfüllen. Insofern ist die Lust am Essen berechtigt.

Nun ist das menschliche Ich aber der Verführung ausgeliefert, sich Lustgefühle durch Befriedigung von Begierden zu verschaffen, die über den Sinn und Zweck, dem Wohle des Leibes zu dienen, hinausgehen. Man kann nach einer wohlschmeckenden Speise verlangen, nur um einen Genuss zu erleben. Eine solche Begierde entspringt nicht den physiologischen Bedürfnissen des Leibes. Auch haben derartige Wünsche nichts mit dem geistigen Wesen des Ich zu tun, vielmehr sind sie Wirkung von Wesenheiten, die sich an die höhere Natur des Ich heranmachen können mit der Absicht, seinen Fortschritt zu hemmen.

Sie reizen das Ich zur Befriedigung von Lustgefühlen, die nicht mit der normalen Funktion der Sinne verbunden sind, aber nur durch diese befriedigt werden können. Dadurch wird das Ich in eine Begierdenwelt verstrickt, die sein Wesen verödet. Diese Wirkung wird für das Ich vor dem Tode nicht sichtbar, deshalb kann im Leben die Befriedigung einer solchen Begierde neue gleichartige Wünsche erzeugen.

Wie erlangt man nun die Fähigkeit, zu unterscheiden, was dem Leibe nottut oder was Ausfluss einer Begierde ist, deren Befriedigung die geistige Entwicklung hemmt? Dazu ist Selbsterkenntnis unerlässlich. Da der heutige Mensch wacher und sensibler in den Sinnen wird, kann er auch im Schmecken feiner differenzieren und Motivationen beurteilen. Auch kann ein meditativer Schulungsweg das Seelenleben verfeinern und dadurch die Entscheidungsfähigkeit steigern für alles, was seinem Wesen gemäss oder fremd ist.

Ferner wird es gerade zu Beginn des Weges nötig sein, sich Einsichten in die Vorgänge der Ernährung zu erwerben, um die Nahrungswahl bewusst treffen zu können. Eine entscheidende Hilfe können die Aussagen Rudolf Steiners sein. Er mass den Ernährungsfragen grosse Bedeutung zu und kam in seinen Vorträgen oftmals auf diese Problematik zu sprechen. Dabei hat er niemals Vorschriften gegeben, sondern aus geisteswissenschaftlicher Schau die Wirksamkeit bestimmter Nahrungsmittel auf die geistig-seelische Entwicklung des Menschen charakterisiert.

3. **Wirkung der Fleischkost**

Wiederholt weist Rudolf Steiner darauf hin, dass durch eine bestimmte Ernährungsweise, insbesondere durch den Verzicht auf Fleischnahrung, der Mensch in seiner geistigen Reifung rascher vorankommen kann. Er sagt, dass die Diät, welche die Essäer einhielten, dem Menschen auch heute noch in dieser Richtung hilfreich sein kann: «Besonders enthielten sie sich vollständig der Fleischkost und des Weingenusses. Damit verschafften sie sich die Möglichkeit einer gewissen Erleichterung, weil in der Tat die Fleischkost den geistig strebenden Menschen in der Entwicklung aufzuhalten vermag. Es ist tatsächlich so ... dass durch die Enthaltung von der Fleischkost alles erleichtert wird. Der Mensch kann in der Seele widerstandskräftiger werden und sich stärker erweisen im Überwinden jener Widerstände und Hemmnisse, die aus dem physischen Leibe und dem Ätherleibe kommen, wenn die Fleischkost fortfällt.»[30]

Die Pflanzenkost ist die Nahrung der Zukunft. Heute sind die Organe des Menschen so gestaltet, dass sie auch das Fleisch verdauen können. Das wird in Zukunft anders werden. «Nicht wie der Mensch heute ausschaut, sondern wie er anders werden kann, darum handelt es sich. Wird der Mensch zur Pflanzennahrung übergehen, so werden die Organe zurückgehen, die mehr der Fleischnahrung entsprechen, und es werden die Organe ausgebildet werden, die für die Pflanzennahrung notwendig sind. Man muss in Betracht ziehen, wie es einmal war und wie es in Zukunft werden kann. Man gibt daher dem Menschen nicht die richtige Nahrung, wenn man sie auf seinen gegenwärtigen Status abstellt, sondern erst dann, wenn man seinen inneren Werdegang ins Auge fasst.»[31]

In den ersten beiden Vorträgen des Vortragszyklus, den Rudolf Steiner im März 1923 im Rahmen der neu gegründeten Anthroposophischen Gesellschaft in Den Haag hielt – von dem er selbst sagte, dass er für ihn etwas Besonderes bedeutete –, sprach er verschiedentlich über die Wirkung der Fleischkost im Menschen: «Die Fleischnahrung fesselt den Menschen speziell an die Erde, macht ihn zum Erdengeschöpf so, dass man sagen muss: So viel der Mensch seinen eigenen Organismus durchdringt mit den Wirkungen der Fleischnahrung, so viel entzieht er sich an Kräften, um überhaupt von der Erde loszukommen ... Der Wille zur Fleischnahrung bedeutet: Mir sagt das Erdendasein so zu, dass ich auf alle Himmel verzichte und am liebsten ganz und gar aufgehen würde in den Verhältnissen des Erdendaseins ... Aus dem, was gesagt worden ist, können Sie entnehmen, dass es gerade bei der ... esoterischen Entwicklung eine ungeheure Bedeutung hat, nicht sich sozusagen an die Erde zu fesseln, mit aller Erdenschwere sich auszustatten durch den Fleischgenuss.»[32]

Wir ziehen aus den Angaben Rudolf Steiners den eindeutigen Schluss: Wer eine geistige Entwicklung anstrebt, wer das Geistige als direkte Erfahrung und nicht in intellektueller Übersetzung zu ergreifen bemüht ist, wer sich aus der Fesselung durch seine Triebnatur befreien will, wird sich des Fleischgenusses enthalten. Je mehr er sich dabei geistige Anschauungen erwirbt über das Wesen des Fleisches vom

Schlachttier und über seine Wirkung auf den Menschen, desto mehr wird er diese Enthaltsamkeit nicht als zwanghafte Massnahme empfinden, sondern sie wird ihm Bedürfnis sein.

Auch der Fortschritt am inneren anthroposophischen Leben erzeugt allmählich einen Widerwillen gegenüber tierischer Nahrung. «Nicht als ob man dem Anthroposophen die tierische Nahrung verbieten müsste; sondern das gesund fortschreitende Instinktleben wehrt sich nach und nach gegen die tierische Nahrung und mag sie auch nicht mehr; und das ist auch viel besser, als wenn der Mensch aus irgendeinem abstrakten Grundsatz heraus Vegetarier wird. Das beste ist, wenn die Anthroposophie den Menschen dazu bringt, eine Art Ekel und Abscheu vor der Fleischnahrung zu haben.»[32]

4. **Problematik der Kartoffel**

Einen Einfluss auf die Gedankenbildung haben auch andere Nahrungsmittel wie zum Beispiel die Kartoffel. Der Wert der Kartoffel wird im allgemeinen nach ihrem Gehalt an Wirkstoffen eingeschätzt, und dabei schneidet sie gar nicht schlecht ab. Rudolf Steiner hat jedoch darauf hingewiesen, dass sie eine Beziehung zum menschlichen Gehirn entwikkelt, die nicht aus den Einzelkomponenten verständlich wird, sondern nur aus ihrem Eingefügtsein in den Gesamtzusammenhang von Natur und Geist. Er erklärt: Während die Stärke des Getreidekorns dem menschlichen Organismus so gemäss ist, dass er sie leicht schon im Darm abbauen kann, gelingt dieses bei der Kartoffelstärke nicht; es bleibt ein nicht ganz überwundener Rest von Eigendynamik, die das Gehirn belastet, denn die geistige Wirksamkeit der Kohlehydrate in der Nahrung entfaltet sich im Gehirn. Dadurch wird dieses Organ, das ja anderen Funktionen dienen sollte, als unverdaute Reste aus dem Verdauungstrakt zu verarbeiten, schwach. Wenn der Mensch zuviel Kartoffeln isst, verkümmert sein Mittelhirn, und es können sogar die Sinne leiden. Denn im Mittelhirn, im Vierhügelkörper, im Sehhügel usw. sind die Quellen der wichtigsten Sinnesorgane[33].

Aber auch der Instinkt ist an das Mittelhirn gebunden, und damit ergibt sich als wesentliche Folge des übermässigen Kartoffelgenusses ein allgemeiner Instinktverlust. Auf der anderen Seite erwähnt Rudolf Steiner, dass das Vorderhirn bei der Kartoffelernährung frei bleibt und die Gedankenbildung nach dort verlagert wird. Was geschieht dadurch? Das Denken erhält einen bestimmten Charakter, denn mit dem Vorderhirn denkt der Mensch intellektuell, materialistisch bezogen; das im Mittelhirn sich vollziehende Denken dagegen ist geistig gegründet.

Rudolf Steiner erklärt das in einem Vortrag vor Arbeitern am Goetheanum: «Wenn der Mensch die Kartoffel zu viel geniesst – was also immer mehr und mehr von dem Zeitpunkte an der Fall war, als die Kartoffel eingeführt wurde und in Europa eine Bedeutung erlangte –, der Kopf immer mehr und mehr für das eigentliche Denken ausgeschaltet wird, und der Mensch immer mehr und mehr die Fähigkeit, mit seinem Mittelkopf zu denken, verliert; er denkt dann nur mehr mit dem Vorderkopf. Aber dieser Vorderkopf, der von den Salzen abhängt, der führt immer mehr und mehr dazu, dass man eigentlich bloss ein materialistischer Verstandesmensch wird. Das richtige Geistige kann ja der Vorderkopf gar nicht denken.»[34] Nun wurde die Kartoffel in Europa vor etwa 200 Jahren eingeführt. Von da an trat immer mehr das «innere Denken» zurück, die äussere Verstandeskultur begann ihre Herrschaft und begründete den Materialismus. Der Charakter der Gedanken wurde damit ein völlig anderer. Heute ist es notwendig, wieder zum Geiste zurückzufinden, wenn die Menschheit nicht im Chaos versinken soll.

5. **Alkohol**

Ein gefährlicher Feind für die geistige Entwicklung ist der Alkohol, dessen Wesen im folgenden Kapitel ausführlicher dargestellt wird. Für den Menschen, der sich auf einen meditativen Schulungsweg begibt, wirken bereits kleine Dosen hemmend[35]. Dabei sollten wir bedenken, dass in der üblichen Hotelküche in Suppen, Saucen, Gebäck usw. zur Hebung des Geschmacks vielfach Alkohol verwendet wird.

6. **Bedeutung der Nahrungsqualität**

Die erhöhte Sensibilität des Menschen gegenüber der Nahrung erweckt das Bedürfnis nach einwandfreier Qualität. Das ist kein Nahrungsegoismus, denn es dreht sich nicht um das persönliche gesundheitliche Wohl. Vielmehr hat der Mensch bei zunehmender geistiger Reife eine instinktive Abneigung gegen alles, was aus der kosmischen Weltordnung herausgefallen ist. Das Ich-Wesen des Menschen ist ja nicht nur beim Schmecken im Munde dabei, es nimmt Anteil an allen weiteren Stoffwechselprozessen, wenn auch unter der Schwelle des Wachbewusstseins. Die Begegnung mit Fremdstoffen, mit einseitig getriebenen und denaturierten Produkten, kränkt das Ich zutiefst. Manche depressive Verstimmung und Resignation hat dort ihre Quelle. Denn noch sind wir ja weit entfernt von jener Verheissung des Christuswirkens in uns: «Ihr werdet Gift essen und es wird euch nichts schaden!» Darum sollten wir uns verpflichtet fühlen, Sorgfalt auf unsere Nahrung zu verwenden.

Die Kräfte, welche durch eine Umstellung auf vegetarische Kost mit Getreide als Grundnahrung frei werden, verlangen nach einem Einsatz. Darum müssen neue Aktivitäten und Initiativen zusammen mit der neuen Ernährungsweise entwickelt werden. Bleibt im geistigen Streben alles beim alten, schlagen die Impulse zurück und engen die Seele ein. Starre, Fanatismus oder gar Krankheit sind die Folgen.

Eine vollwertige Ernährung ist erst im Verein mit moralischem Streben wahrhaft menschenwürdig. Denn der Mensch ist nicht nur ein Naturwesen, sein Ich ist im Geiste gegründet.

Die Betrachtungen über den Einfluss der Ernährung auf die geistig-seelische Entwicklung wollen wir schliessen mit dem Hinweis auf ein Gespräch, das Rudolf Steiner mit Ehrenfried Pfeiffer führte. Darin wird der Ernst unserer Situation deutlich. Ehrenfried Pfeiffer richtete an R. Steiner folgende Frage: «Wie kommt es, dass trotz Ihrer grossen und zahlreichen Anweisungen der geistige Impuls, insbesondere der innere Schulungsweg, so wenig wirksam wird und die Betreffenden trotz ihrer Bemühungen so wenig Manifestation des geistigen Erlebens aufweisen können? Wie kommt es vor allem, dass trotz theoretischer Einsicht der Wille zur Tat, zur erfolgreichen Durchführung der geistigen Impulse so schwach ist?»

Die Antwort Rudolf Steiners lautete: «Dies ist ein Ernährungsproblem. So wie die Ernährung heute gestaltet ist, gibt sie dem Menschen gar nicht mehr die Kraft, das Geistige im Physischen manifest zu machen. Die Brücke vom Denken zum Wollen und Handeln kann nicht mehr geschlagen werden ... Die Nahrungspflanzen enthalten gar nicht mehr die Kräfte, welche sie den Menschen geben sollten.»[36]

XII. Brot und Wein

Brot und Wein sind zwei urbildhafte Nahrungssubstanzen, die im Sakrament des Abendmahls von Christus in die kultische Sphäre gehoben wurden[37]. Eine Prophetie auf dieses Geschehen finden wir im Alten Testament, wo berichtet wird, wie der Sonnenkönig Melchisedek in einem priesterlichen Akt Abraham, dem Stammvater der Juden – jenem Volk, in dem der Christus sich verkörpern sollte –, Brot und Wein reichte. Jesus wurde in Bethlehem, der «Stadt des Brotes», geboren. Als nach der Jordan-Taufe der Christus seine Wirksamkeit auf Erden begann, verwandelte er Wasser in Wein. Er heiligte diese beiden Substanzen, indem er seine Wesenheit mit ihnen verband. «Ich bin das Brot» lautet das erste der «Ich-bin-Worte» im Johannesevangelium; das letzte: «Ich bin der Weinstock». Damit wird auf das Mysterium der Transsubstantiation hingewiesen.

Können wir am Erscheinungsbild des Getreides und dem des Weinstocks erkennen, warum gerade sie zu diesem kultischen Dienst erwählt wurden und vor allem, in welcher Beziehung sie zum Menschen stehen?

Wir haben uns in früheren Kapiteln mehrfach mit dem Getreide beschäftigt und fassen die Ergebnisse hier kurz zusammen. Das Getreide verbindet sich in einem ersten Akt seines Werdens durch Bildung tiefreichender, feinstverzweigter Wurzeln innig mit der Erde. Aber dann strebt es im Halm energisch nach oben, der Sonne entgegen. Es entwickelt dabei nur wenige grasartig schmale Blätter, die sich nicht wie bei den meisten Pflanzen in die Horizontale verbreitern, sondern sich in die vertikale Wachstumsbewegung eingliedern. Die Pflanze durchdringt sich dabei mit dem Kiesel. Sie ist eine typische Kieselpflanze; man findet in der Asche von Ähre und Halm ca. 70% Kiesel. Durch seine Wirksamkeit ist die Pflanze fein durchgestaltet und geformt und zeigt eine einzigartige Aufrichtekraft und Standfestigkeit, verglichen mit dem Stengelumfang. Der Kiesel schliesst sie für die Lichtkräfte des kosmischen Umkreises auf. Die Stärke im Mehlkörper des Kornes bildet sich im wesentlichen aus der Einwirkung des Lichtes; die Getreideähre wird dem Sonnenlicht entgegengetragen. In den Körnern werden Nährsubstanzen angereichert: Mineralien aus der Wurzel, Stärke, Eiweiss, Fette aus dem Blattbereich. Wenn das Korn dann in der Sonnenwärme reift, welkt die Pflanze und stirbt ab; denn sie verliert jede Verbindung mit dem Saftstrom der Erde. Das Korn geht von einem weichen milchartigen Zustand in die Konzentration. Wir erfahren sein verborgenes, gewaltiges Leben, sobald es keimt und wenn wir es als Nahrungsmittel zu uns nehmen.

In ihrer zeitlichen Erscheinung durchleben manche Getreidearten den ganzen Jahreskreislauf. Von der Saat bis zur Ernte vergeht beim Roggen ein ganzes Jahr, im September wird gesät und im August geerntet. Im Verlauf eines Jahres tritt die Erde mit der Sonne, dem Mond und den Sternen in vielfältig wechselnde Beziehungen. Das Getreide wird durch diese kosmisch-irdische Mannigfaltigkeit geprägt.

So dürfen wir die Getreidearten vor allen anderen Pflanzen als kosmische Sonnenwesen bezeichnen, die sich besonders stark mit der Erdenstofflichkeit verbinden und in der Sphäre des Lichtes irdische Substanzbildung anreichern.

Ganz anders der Weinstock. Er ist ein mehrjähriges Gewächs, wird 100–200 Jahre alt. Damit entwickelt er eine eigene Zeitgestalt. Sein Spross ist nicht senkrecht nach oben zur Sonne gerichtet, strebt nicht wie der Getreidehalm hinweg von der Erde, sondern gliedert sich in ihr Schwerefeld ein. Beim Wachsen greifen dann Äste und Ranken horizontal in den Raum, einen Halt in ihm suchend. Auch die Wurzeln ordnen sich nicht in die Verbindungslinie zwischen Sonne und Erdenmitte ein – wie das Pflanzen mit senkrecht strebenden Wurzeln tun –, sondern sie bilden gleichsam eine eigene Gestalt aus, wobei sie eine Tiefe von 12 bis 15 m erreichen. Die Blüten sind regelmässig geformt mit einem Fünfstern von Kelch-, Kron- und Staubblättern. Der traubige Blütenstand wird eine Weile schwebend gehalten, erblüht aber dann nach unten, er wendet sich weg von der Sonne, hin zur Erde. Auch beim Reifen der Trauben wird das direkte Sonnenlicht gemieden; die Trauben hängen im Schatten der Blätter nach unten und empfangen die Sonnenwärme von der Erde reflektiert. Dazu ist der Schieferboden besonders geeignet.

Die Weinrebe bildet in ihrem – unter dem Mikroskop erschliessbaren – Gefässystem die grössten Gefässe, die es im Pflanzenreich gibt. Sie haben einen Durchmesser von 0,5 mm. Dadurch kann sich die Pflanze während ihrer ganzen Wachstumsdauer intensiv mit dem Kreislauf des Wassers der Erde verbinden, während dagegen der Saftstrom des Getreides früh versiegt und das reifende Korn sich fast ausschliesslich mit den Licht- und Wärmeprozessen der Sonne vereint.

Im Flüssigkeitsstrom des Weinstocks sind zahlreiche Salze gelöst, insbesondere Kalk. Wie das Getreide vom Kiesel, so ist der Weinstock vom Kalk bestimmt. Seine Blätter enthalten lange vor dem Welken 60% Kalk – eine Seltenheit im Pflanzenreich. Dagegen ist der Weinstock arm an Kiesel.

Welche Aufgabe hat der Kalk im organischen Bereich zu erfüllen? Er führt in die irdische Festigkeit, schafft irdische Gestaltung. Durch die Muttermilch nimmt schon der Säugling Kalk in sich auf und erbaut damit sein Skelett. Aber der Kalk hat auch die Tendenz, ins Leblose zu fallen – wie bei der Arteriosklerose im Alter – und sich damit aus den Bildekräften des Lebendigen herauszulösen.

Enthält das Getreide Kalk? Wie zu erwarten, nur geringe Mengen. In Weizenstrohasche finden sich nur 5,8%, in Weizenkornasche sogar nur 2,8%.

In ihren Gefässen trägt die Rebe den Kalk zwar gelöst, aber in einer den organischen Aufbauprozessen sehr fremden Form, dem kohlensauren Kalk. In den Blättern erscheint der Kalk in einem lebendigeren Zusammenhang, nämlich als oxalsaurer Kalk. Aber auch hier wird er zunächst wieder aus dem Fluss des Lebendigen ausgeschieden in feinen Kristallnadeln. Erst wenn der Saft in die reifende Beere geleitet wird, ist der Kalk vollständig gelöst; es findet sich keine einzige Kristallnadel mehr. Auch die Weinsäure, die eine starke Tendenz zur Salzbildung und zum Ausfällen in die Schwere in sich trägt, ist dann gänzlich gelöst, desgleichen die Stärke. Diese wird nicht wie im Getreidekorn als fester Mehlkörper gelagert, sondern in Zucker verwandelt und gelöst dem Flüssigkeitsstrom eingefügt: Die Beere wird im Reifen immer süsser und süsser.

Was also tritt uns im Wesen des Weinstocks entgegen? Während das Getreide bei seinem Reifungsprozess die Verbindung zur Erde nach und nach verliert und als «Kieselpflanze» die festen Substanzen im Korn aus den Lichtkräften der Sonne bildet, nimmt der Weinstock, eine «Kalkpflanze», in seinen Saftstrom zahlreiche Erdenkräfte als gelöste Salze hinein, allen voran den Kalk, löst sie von Stufe zu Stufe weiter auf und lässt sie damit in die Lebensprozesse einströmen.

Welche Bedeutung hat nun aber die alkoholische Gärung? Sie zerstört diese Ergebnisse der Fruchtreifung und damit das Wesen des Weinstocks. Die Kräfte, welche das Irdische verwandelt ins Leben führten und verströmen liessen, werden nun vernichtet. Zucker vergärt, Kalk und Fruchtsäuren bilden Salze, die zurück in die Erdenschwere fallen, indem sie sich als Bodensatz niederschlagen. Der alkoholische Weingeist leitet einen Absterbevorgang ein und setzt sich an die Stelle des dem Leben dienenden Traubensaftes.

Das Ich des Menschen wird, wenn der Wein in ihm wirkt, von der Geistigkeit des Kosmos abgeschnürt und nähert sich dadurch intensiver dem irdischen Bereich – wie ja auch bei der Vergärung des Traubensaftes die Erdensalze aus dem geistlebendigen Verband, in den sie während des Reifungsprozesses gelöst und damit aufgenommen waren, nunmehr wieder herausfallen und zur Erde hinabsinken.

Der Mensch brauchte einmal in der vorchristlichen Zeit diese Wirkung des Weines, um sich stärker in seinem Erden-Ich zu verankern. Heute ist die Verankerung zum Hindernis geworden, um wiederum Anschluss an den geistigen Urgrund zu finden. Daher ist der Alkohol jetzt nicht mehr zeitgemäss; er zerstört die Kräfte, mit denen diese Aufgabe ergriffen werden kann.[37] In diesem Sinn sollten wir in unserer Zeit Traubensaft meinen, wenn wir Wein sagen. Auch in einigen kirchlichen Zusammenhängen wird beim Abendmahl Traubensaft statt des Weines gereicht.

Beide Nahrungssubstanzen Brot und Wein wirken urbildhaft auf die Grundelemente des menschlichen Organismus, auf Leib und Blut. Das Brot ist die sättigende Erdennahrung, zum Aufbau des Leibes bestimmt. Wir sprechen von einem Brotlaib. Das Wort leitet sich ab von dem gotischen Wort Hlaif. Dieses war für den Goten nicht nur das greifbare Nahrungsmittel, in ihm erlebte er zugleich das Korn, das Getreide sowie die Erde, die Sonne und die lichtvollen Schöpferkräfte des Universums. Diese waren es für ihn, die durch den Brotlaib den menschlichen Leib ernährten, jenen Leib, der von den gleichen Kräften durchwirkt und erhalten wurde.

Im Saft der Traube dagegen haben wir ein Bild für das menschliche Blut. Beide sind formlos und verströmen sich. In beiden sind die Substanzen nicht in fester Form zusammengefügt, sondern in Flüssigkeit gelöst.

Leib und Blut des Menschen gehören zusammen; sie sind für sich allein nicht existenzfähig. Das Blut schenkt dem Leib Wärme und Leben, der Leib hindert das Blut daran, zu zerfliessen.

Doch der Leib und das Blut des Menschen tragen in sich den Keim zur Erkrankung: dem Leib droht die Erstarrung, der Tod; dem Blut droht die Auflösung. Hier wirkt die Abirrung des Geistig-Seelischen im Menschen, was man in der religiösen Tradition als den Sündenfall bezeichnet. Der Mensch kann in seinem Wesen hart, fest und unlebendig werden oder in Begierden, Trieben und Leidenschaften alle Konturen verlieren.

So bedarf er immerfort der Heilung seines Wesens. Wo findet er sie? Im christlichen Sakrament des Abendmahles wird Heilung in ihrer urbildhaften Form anschaubar. Es werden Brot und Wein zum Heilmittel bereitet. Diese Substanzen bieten sich dafür an, weil sie dem Wesen des Menschen gemäss sind. Der Christus verwandelt sie zu «seinem Leib» und zu «seinem Blut». Bei der Aufnahme des verwandelten Brotes zieht die Gottheit, das Wesen dieser Substanz erfüllend, aus dem lichtvollen Umkreis in den kranken Leib des Menschen ein, Gesundung bewirkend. Durch die Aufnahme des verwandelten Weines löst sich der Mensch aus der Triebhaftigkeit seines Blutes. Er kann sich zum Christus bekennen und wird dadurch frei von der Gewalt der Widersachermächte[38].

Was im Kultus geschieht, ereignet sich im menschlichen Organismus mit der Substanz einer jeden Nahrung. Auch diese wird nach ihrem Abbau verwandelt und in die Sphäre des Geistes gehoben. Dort erfolgt die Kommunion, die Vereinigung mit den ewigen Schöpferkräften der Welt, aus denen heraus nun der Organismus des Menschen immer wieder neu aufgebaut und gestaltet wird. Das Ich nimmt an diesem ständigen Kultus mit Wandlung und Kommunion unbewusst teil, ja seine Zuwendung und seine Wesensart wirken beim Aufbau der individuellen Leibessubstanz mit. Was als Ich im wachen Bewusstsein erlebt wird, ist tief im Menschenwesen gegründet.

Die Mystiker des Mittelalters nannten den Leib den Tempel Gottes. Wenn der Mensch seinen Leib ernährt, leistet er in diesem Sinne einen Tempeldienst. Sollten wir Heutigen nicht in zeitgemässer Weise versuchen, diesen Gedanken zu verwirklichen, indem wir eine Aufgabe darin sehen, die Ernährung in das geistige Leben einzubeziehen, die Speisen aufmerksam zu wählen, liebevoll zu bereiten und dankbar aufzunehmen?

Wann aber werden wir dazu reif sein? Ein langer Erziehungsweg liegt vor uns, der weit in die Zukunft führt.

ANMERKUNGEN

1 Ernährungsumschau. Frankfurt a. M., Mai 1974.
2 Herbert H. Koepf, Was ist biologisch-dynamischer Landbau? 2. Aufl., Dornach 1979. – Herbert H. Koepf/Bo Petterson/Wolfgang Schaumann, Biologische Landwirtschaft. 2. Aufl., Stuttgart 1976.
3 Rudolf Steiner, Geisteswissenschaftliche Grundlagen zum Gedeihen der Landwirtschaft (Landwirtschaftlicher Kursus). GA 327, 5. Aufl., Dornach 1975.
4 Ulf Abele, Vergleichende Untersuchungen zum konventionellen und biologisch-dynamischen Pflanzenbau unter besonderer Berücksichtigung von Saatzeit und Entitäten. Diss. Giessen 1973. (Verlag Lebendige Erde), Darmstadt. – Maria Thun/Hans Heinze, Anbauversuche über Zusammenhänge zwischen Mondstellungen im Tierkreis und Kulturpflanzen, Bd. I und II. Darmstadt 1973. – Maria Thun, Hinweise aus der Konstellationsforschung für Bauern, Gärtner und Kleingärtner. (Selbstverlag), Biedenkopf/Lahn 1973. – Maria Thun, Aussaattage. (Selbstverlag), Biedenkopf/Lahn (jeweils für das laufende Jahr).
5 Magda Engquist, Physische und lebensbildende Kräfte in der Pflanze. Frankfurt 1975.
6 Magda Engquist, Die Steigbildmethode – ein Indikator für Lebensprozesse in der Pflanze. Frankfurt 1977.
7 Theodor Schwenk, Bewegungsformen des Wassers. 4. Aufl., Stuttgart 1976. – Theodor Schwenk, Neue Qualitätsprüfung von Trinkwasser. VDI-Nachrichten, Nr. 15 Jg. 23, 1969.
8 Rudolf Steiner/Ita Wegman, Grundlegendes für eine Erweiterung der Heilkunst nach geisteswissenschaftlichen Erkenntnissen. GA 27, 5. Aufl., Dornach 1977.
9 Otto Wolff in: Das Bild des Menschen als Grundlage der Heilkunst. Hg. Friedrich Husemann und Otto Wolff, Bd. II a und b, 2. Aufl., Stuttgart 1974/78.
10 Rudolf Steiner, Physiologisch-Therapeutisches auf Grundlage der Geisteswissenschaft. Vortrag vom 27.10.1922, GA 314, 2. Aufl., Dornach 1975.
11 Jacques Lusseyran, Das wiedergefundene Licht. Stuttgart 1963.
12 Rudolf Steiner, Initiationserkenntnis. 5. Vortrag. GA 227, 2. Aufl., Dornach 1960.
13 Rudolf Steiner, Das Miterleben des Jahreslaufes in vier kosmischen Imaginationen. GA 229, 2. Aufl., Dornach 1976.
14 Wilhelm Pelikan, Sieben Metalle. 4. Aufl., Dornach 1979.
15 Eine Zusammenstellung von Äusserungen Rudolf Steiners und anderer anthroposophischer Autoren zum Thema «Irdische und kosmische Ernährung» durch Ernst Hagemann ist im Verlag Die Kommenden, Freiburg i. Br. in Vorbereitung.
16 Rudolf Steiner, Geisteswissenschaft und Medizin. GA 312, 4. Aufl., Dornach 1976.
17 Rudolf Steiner, Die Schöpfung der Welt und des Menschen. Vortrag vom 31.7.1924. GA 354, 2. Aufl., Dornach 1977.
18 M. O. Bruker, Zucker und Gesundheit. Homburg v.d.H. 1967.
19 H. Lauffer, Unsere Zähne. Soziale Hygiene, Merkblatt Nr. 23, hg. vom Verein für erweitertes Heilwesen, Bad Liebenzell.
20 Rudolf Steiner, Anthroposophische Menschenerkenntnis und Medizin. Vortrag vom 21.7.1924. GA 319, 1. Aufl., Dornach 1971.
21 Wilhelm Pelikan, Heilpflanzenkunde, Bd. I. 3. Aufl., Dornach 1977.
22 Rudolf Steiner, Die Schöpfung der Welt und des Menschen. Vortrag vom 2.8.1924. GA 354, 2. Aufl., Dornach 1977.
23 H. S. Holtmeier, Das primäre und das sekundäre Mg-Mangelsyndrom. In: L. Heilmeyer/H. S. Holtmeier, Ernährungswissenschaften. Stuttgart 1968.

24 Udo Renzenbrink, Zeitgemässe Getreide-Ernährung, 3. Aufl., Dornach 1978. – Barbara Hübner, Die Zubereitung von Getreidegerichten. Hg. vom Arbeitskreis für Ernährungsforschung e. V., 7263 Bad Liebenzell, Zu den Eichen 7.
25 Udo Renzenbrink, Ernährung unserer Kinder. 2. Aufl., Stuttgart 1978.
26 Rudolf Steiner, Die Welt der Sinne und die Welt des Geistes. GA 134, 3. Aufl., Dornach 1959.
27 Rudolf Steiner, Das Sonnenmysterium und das Mysterium von Tod und Auferstehung. Vortrag vom 24. 4. 1922. GA 211, 1. Aufl., Dornach 1963.
28 Siegwald und Lisa Bommer, Die Gabe der Demeter. Krailing b. München 1961.
29 Rudolf Steiner, Die Geheimwissenschaft im Umriss. GA 13, 29. Aufl., Dornach 1977.
30 Rudolf Steiner, Das Matthäus-Evangelium. Vortrag vom 6. 9. 1910. GA 123, 6. Aufl., Dornach 1978, S. 117.
31 Rudolf Steiner, Ursprungsimpulse der Geisteswissenschaft. Vortrag vom 22. 10. 1906. GA 96, 1. Aufl., Dornach 1974.
32 Rudolf Steiner, Welche Bedeutung hat die okkulte Entwicklung des Menschen für seine Hüllen ... Vorträge vom 20. und 21. 3. 1913. GA 145, 4. Aufl., Dornach 1976.
33 Rudolf Steiner, Natur und Mensch in geisteswissenschaftlicher Betrachtung. Vortrag vom 23. 1. 1924. GA 352, 2. Aufl., Dornach 1967.
34 Rudolf Steiner, Rhythmen im Kosmos und im Menschenwesen. Vortrag vom 22. 9. 1923. GA 350, 1. Aufl., Dornach 1962.
35 Siehe auch Wilhelm Pelikan, Heilpflanzenkunde, Bd. II. 2. Aufl., Dornach 1976, S. 115 ff.
36 Wir erlebten Rudolf Steiner, Hg. von M. J. Krück von Poturzyn. 5. Aufl., Stuttgart 1977.
37 M. Hoerner, Brotgetreide und Weinstock. In: Die Christengemeinschaft, Stuttgart Mai/Juni/Juli 1975.
38 In einigen kirchlichen Zusammenhängen wird heute beim Abendmahl Traubensaft gereicht.

Udo Renzenbrink

Zeitgemässe Getreide-Ernährung

Rezepte für alle Getreidearten

Inhalt: Geleitwort (W. Schaumann) – Einleitung – Allgemeine Hinweise – Getreide in Verbindung mit anderen Nahrungsmitteln – Gerste – Hafer – Roggen – Weizen – Grünkern – Hirse – Reis – Mais – Buchweizen. – Weitere Rezepte für: Suppen, Saucen, Zukost, Salate, Müsli, Gebäck, Konfekt, Brot. Register, Literatur.

5. Auflage, 148 Seiten mit Abbildungen, kartoniert

Anna Ljungquist

Zur Qualität in der Ernährung

Rezepte für die vegetarische Küche

Aus dem Inhalt: Gerhard Schmidt, Einleitende Betrachtungen zur Ernährungsfrage – Allgemeine Ratschläge – 439 Rezepte – Menüzusammenstellungen – Erika Riese, Landbau und Ernährung – Marie Wundt, Ernährung und Gewürzpflanzen.

4. Auflage, 190 Seiten, gebunden

Herbert H. Koepf

Was ist biologisch-dynamischer Landbau?

Inhalt: Einleitung – Biologisch wirtschaften – Dynamisches und Kräftewirken – Der Betriebsorganismus – Belebung des Bodens (Düngung) – Qualitätserzeugung und Verbraucher – Biologisch-dynamischer Landbau und Gesellschaft – Organisation und Ausbildung – Literatur.

3. Auflage, 36 Seiten, kartoniert

Manfred Stauffer

Gemüsebau für Gemeinschaften

Aus dem Inhalt: Gesichtspunkte zur Betriebgestaltung – Anbauplanung nach dem Bedarf – Gemüseangebot im Jahreslauf – Samenbedarf – Die biologisch-dynamischen Düngehilfsmittel – Anbauplanung nach der Fläche – Unsere Kräuterecke – Monatsübersichten – Der Garten in der Landschaft.

60 Seiten, kartoniert

Ehrenfried Pfeiffer

Die Fruchtbarkeit der Erde

Ihre Erhaltung und Erneuerung

Herausgegeben von der Naturwissenschaftlichen Sektion am Goetheanum

Aus dem Inhalt: Wahres Bauerntum als Schöpfer einer neuen Kultur – Der Boden, ein lebendiger Organismus – Über die Umstellung eines Betriebes auf die biologisch-dynamische Wirtschaftsweise – Die Konsequenzen der Düngung für die Gesundheit von Mensch und Tier – Nachwort: Einige neuere Entwicklungstendenzen und Arbeiten (Herbert Koepf).

6., veränderte Auflage, 335 Seiten, mit zahlreichen Abbildungen, gebunden

Ehrenfried Pfeiffer/Erika Riese

Der erfreuliche Pflanzgarten

Anleitung zur Gartenpflege nach der biologisch-dynamischen Wirtschaftsweise

Herausgegeben von der Naturwissenschaftlichen Sektion am Goetheanum

Aus dem Inhalt: Allgemeine Gesichtspunkte für die Anlage der Pflanzengärten – Einzelheiten über den Pflanzgartenbau – Der Fruchtwechsel und die Bedeutung der gemischten Kulturen – Zur Schädlingsfrage und Schädlingsbekämpfung – Praktische Anleitung für die Anpflanzung der einzelnen Gemüse.

9., erweiterte Auflage, 128 Seiten, mit Abbildungen, kartoniert

Nicolaus Remer

Lebensgesetze im Landbau

Aus dem Inhalt: Erhaltung und Aufbau des Humusgehaltes im Boden – Drogenanwendung zur Lenkung der Stallmistrotte – Der Kiesel in der Landwirtschaft als ein Mittel des Betriebserfolges und als Therapie – Lebensgesetzliche Ökonomie in der Fütterung – Wertvolle Ergänzungen des Futters durch Lichtkräfte aus Blüten und Drogen – Dynamische Fruchtbarkeit in der bäuerlichen Betriebsindividualität.

2. Auflage, 128 Seiten, mit Zeichnungen von Harald Kabisch, kartoniert

Ernährung unserer Kinder

von *Udo Renzenbrink*

Gesundes Wachstum – Konzentration – Soziales Verhalten – Willensbildung
2. Auflage, 203 Seiten, kartoniert

(Sozialhygienische Schriftenreihe, Band 7)

Bereits wenige Monate nach Erscheinen hat «Ernährung unserer Kinder» sich als ein unbestrittenes Standardwerk erwiesen, das in keinem bewusst geführten Familienhaushalt fehlen sollte. Es gibt in allgemeinverständlicher Form sowohl die gedanklichen Grundlagen wie auch eine Fülle von Angaben für die tägliche Praxis des Haushalts.
«Der Autor zeigt die praktische Handhabung einer modernen Ernährung in den ersten beiden Jahrsiebten des Kindes und wendet sich damit nicht nur an die Hausfrau, sondern auch an Lehrer, Diätassistenten und Ärzte, die sich um die Ernährungsweise der ihnen anvertrauten Kinder zu kümmern haben. Dieses Buch ist eine wertvolle Hilfe für die heranwachsende Jugend und trägt zu einer Gesundung der zivilisationsgeschädigten Menschen bei.»

Natürlich und Gesund

Getreidegerichte – einfach und schmackhaft

von *Freya Jaffke*

Anregungen und Rezepte
5. Auflage, 56 Seiten, kartoniert

(Arbeitsmaterial aus den Waldorfkindergärten, Heft 2)

«Ein ganz exzellentes vegetarisches Kochbuch, das man nicht übersehen sollte. Es führt alles von der Gemüsepastete bis zur Rohkostsosse. Der grossen Zahl interessanter Rezepte sind noch Speisepläne beigegeben und allgemeine Hinweise vorangestellt. Wir können es wirklich empfehlen.»

Vegetarisches Universum

«Man staunt, wie gut und abwechslungsreich sich mit Getreide kochen lässt und wie wohl dies den Kindern für ihre Entwicklung bekommt.»

Schweizer Frauenblatt

VERLAG FREIES GEISTESLEBEN STUTTGART

Geisteswissenschaftliche Vorträge

1 Wolfgang Greiner: **Eleusis – Göttermythos und Einweihungsweg**

2 Athys Floride: **Die Begegnung als Aufwacherlebnis**

3 Hermann Poppelbaum: **Goethe als esoterischer Christ**

4 Peter Müller: **Das Weihnachtsfest in der Darstellung Rudolf Steiners**

5 Wolfgang Greiner: **Grals-Geheimnisse**

6 Walter Holtzapfel: **Auf dem Wege zum Hygienischen Okkultismus**

7 Peter Tradowsky: **Von der Christus-Nähe des Kindes**

8 Udo Renzenbrink: **Die Ernährung des Schulkindes**

9 Manfred Stauffer: **Bodenleben und Pflanzenqualität**

10 Rudolf Treichler: **Metamorphosen im Lebenslauf**

11 H. G. Schweppenhäuser: **Arbeit, Lohn und Preis**

12 Wolfgang Greiner: **Das Antlitz des Bösen**

13 Walter Blume: **Musikalische Betrachtungen**

14 Athys Floride: **Schulungsweg im Lebensalltag**

15 Dietrich von Asten: **Kultische und geistige Kommunion**

16 Udo Renzenbrink: **Die Ernährung des Kleinkindes**

17 Walter Holtzapfel: **Die Sprache der Krankheit**

18 Walter Holtzapfel: **Wie wirkt der Erzieher?**

19 Wolfgang Greiner: **Christus und Luzifer**

20 Manfred Krüger: **Tugendlehre und Erkenntnisregeln**